三つ子の魂百までの教育道

――アイデンティティ形成不全の超克――

宇野弘之

国書刊行会

目次

第一章　二一世紀社会に生きる子どもの育て方

三つ子の魂百まで

「三つ子の魂百まで」As the twig is bent, so grows the tree. という昔から親しまれている諺《ことわざ》は、幼い時の性質は老人になっても変わらないという格言である。三つ子は三歳の幼児、幼い子を意味する。魂は肉体、身体に宿って、心の働きをつかさどると考えられるもの、精神（spirit）・魂（soul）である。

心をあらためることを、魂を入れかえるという。

以心伝心《いしんでんしん》、心をもって心に伝える、その心のことである。人間は身体のみならず、心のある存在である。「三つ子の魂百まで」は、魂、即ち精神、心身一如《しんしんいちによ》、心身相関《しんしんそうかん》の人間存在を語っている。

子どもの時の生活体験は、その人の生涯に影響を与えるという因果関係を語る格言である。

育児の本質

子どもは愛情の中で育つ。

養育者に恵まれた子どもたちは、この世に誕生した時から「おっぱいを飲みたい」「おしっこをして気持ちがよくない」「寒い」「暑い」「寂しい」「怖い」と父母、祖父母に語り、放って置かれたら一人では生きていかれないと甘える。

牛や山羊等の家畜類は、生まれ落ちた時から即立ち上がり、母乳を飲み、いつしか柔らかい草を食べ、成長する。しかし、人間は生まれて即、立ち上がることができない。ハイハイをし、つたい歩き、通常、一〇カ月、一年の歳月を経て歩き始める。父母の愛情の中に泣き声をあげ、「私がいるから大丈夫よ」と、一つ一つ不安と欲求を受け止めてもらいながら、すくすく成長する。

言葉がしゃべられないうちは、泣くことによって叫び声を発したとき、信頼のおける親や養育者が受け止めて助けてくれる。決して一人ではない。信頼の中に生育していくであろう。

父母や養育者と子どもの信頼関係、乳幼児期の豊かな愛情こそが人間の基本的信頼を形成し、自己同一性、アイデンティティ形成の芽を植え付ける。

大切な人、大好きな人がそばにいてくれるだけで安心でき、心の安全基地が形成され、自然に感化されて、いろいろなことを覚え、豊かな養育のメカニズムの中に育っていく。母親との心の触れ合いは、乳幼児期の生活にきわめて重要な意味をもっている。

狼にくわえられ、森の中で狼に育てられたインドのアマラとカマラのお話はよく知られる。母親から生まれた人間の子どもであるが、狼を親として育ったがゆえに、言語、歩行も、添い寝も、ご飯の食べ方も狼同然の生活様式である。二本足で立って歩くことができず、村人に発見されたアマラとカマラは、歩行回復に二年も三年もの歳月を要し、乳幼児期に育つ人間の言語は話せない成長ぶりであるという。夜中に狼の遠吠えをし、中秋の名月は味わえない。父母に育てられる人間、その育児の本質は何か、考えさせられる。

母親が遊び歩きたいがゆえに、幼児を家に閉じ込めて放置したという育児放棄ニュースがテレビに映る。

高校三年生で身ごもった女性が、自宅のトイレで子どもを生み、ゴミ袋に入れて捨てた。つまり、生まれた嬰児の始末に困って棄てた。夜尿が治らない。子どもが言うことを聞かないと、折檻して殺害してしまった。そんな母親にでも、子どもは「お母さん」と泣いて寄り添う。

嘆かわしいショッキングなニュースが頻繁に報じられる。小中学生のいじめや自殺、子どもの人権を無視した母子心中、家庭内不和、暴力、親殺し、子殺し等々、人面獣心《じんめんじゅうしん》、人間顔の獣類に等しい冷酷な猛獣が町の中を歩き、襲う。今や殺人事件の被害・加害は中学生世代まで及んでいる。

経済的繁栄とは裏腹に、母性を失い、家族関係が破壊されて、人間の絆が失われている冷酷無残な社会への変貌。その原因は一体どこにあるのであろうか。育児の基本、やがて成長する乳幼児期の生活の基本が問われる。

過保護、支配的な母親に育てられた子ども、父親との生別、死別、別居等による父性の欠如、居ても居なくてもあまり変わりのない、強い妻の言いなりになるだけの父性の欠如もあろう。

生みの母親を失った子どもにあっては、母性の欠如が補填されぬ限り、人間の心身に異常を生み出す。人間には、身体と共に心があるからで、この心は、突然大人になってから形成されるものではない。物や現象の中心になる核（core）があり、種（種子）を持つものの中心部がある。

乳幼児期迄の生活によって形作られた心の核、種はその後も存在し続け、成長してからも人間を根本的なところで動かす原動になるであろう。

意識は認知し、思考する心の働きであり、純粋に内的な精神活動である。通常、今していることが自分で分かっている状態を意味する。知（知識）、情（感情）、意志（こころ）のあらゆる働き、それらの根底にあるのが意識であろう。意識を失う。意識不明、失神、植物人間も存在するであろう。

仏教思想には唯識論があり、現象は心によって分別された唯識、意識のみで、単に識の相続上のものにすぎないと、「意識」の存在「意識の流れ」を説く。人間存在の根底をなす「意識の流れ」は、意識下に経験を蓄積し、個性を形成し、すべての心的なよりどころとなる。唯識学説では、阿頼耶識《あらやしき》、第八識の存在を語る。心の中にすべてが記憶され、保存されるわけで、乳幼児期の生活によって形づくられる核、因《いん》が成長してからの人間の根本的なところでつき動かす原動力となるというのである。

人間の成長後に示される精神的な諸問題、万般の根源が乳幼児期にある。生後、子どもは三、四年間の就学前の乳幼児期の生活経験、体験により鋳造され、鋳型に流しこんで所要の形につくられるのと同様に、成長後に示す精神的な問題の柱は乳幼児期にあるというのである。当然、少年期以降の教育も、他者との接触、環境、社会背景、時代の風潮、時勢も、全生活史から人格形成に影響を受ける。

ただ、「三つ子の魂百まで」。人生の基礎は乳幼児期にある。生涯を基本的に支配する要因、種になると、その重要性を指摘する。

人間の顔、体つき等、身体的特徴が遺伝することは、現代医学も異議をとなえないであろう。乳幼児の精神の働き、情緒の発達、芽を出しつつあるパーソナリティ（personality）即ち人格、個性、性格、個人の統一的な持続的な特性の総体、人生の初期段階の育児法が将来に影響を及ぼす。

毎日の子どもとの接触、自分のお腹を痛めた子どもの母親の母性のみならず、家族との接触、家庭環境、精神的伝統の以心伝心、そしてよき師との出会いが、その後の人生に影響を与える。

乳幼児期に母親にどう扱われるかが重要な意味をもつことは当然であろうが、生まれてからの毎日の生活を通して、どう形づくられるかに生活の鍵概念がある。

戦後の育児法

子どもをどう育てたらよいか。

戦争は人間の生活に最も影響を与える。戦後、日本の育児法の変化がいかに激しかったか、反省させられる。

明治時代に始まった近代化の遅れを、敗戦によって痛感した日本社会は、以来、あらゆる分野でアメリカ文化の影響、模倣に明け暮れた時期があった。アメリカ式育児法は、今日格別に意識せぬ程定着したが、何か大切なものを喪失してはいないか。

男尊女卑といわれた男女関係の在り方が、戦後、男女同権、男女平等がさけばれ、男たちに代わって、女性の活躍、社会進出が目立ち始める。

アメリカ式合理的な育児法は、自然的な母性的な育児法にとってかわり、父親たちは子どもの教育に関与しなくなり、強い母親と弱い父親が顕著になったともいわれる。

戦後、支配的な母親が子どもの発達、子どもの心身の発達に影響を与えている。

生まれてから一、二年は母親の世話を受けねば、子どもは生命を維持できない。母親との接触を通して、人間としての原型が形づくられる。

どのように育てられるかが大切な問題である。はじめは母親に主導権があり、その後次第にお互いに影響し合い、生得《しょうとく》の体験があろう。

乳幼児期の体験は成長後の人間を支配する。母子関係の本質は母子の心が触れ合うことである。母親が子どもの欲求をどう読み取り、それをどう満たしてやるか、自然な心的接触が必要である。

ややもすれば母親が自分を押し通し、子どもの欲求は満たされない、母親との心の接触不良がおきていないか。子どもを部屋に一人きりにし、どんなに泣いていても放置しておく。いくら泣き叫んでも母親が来てくれない置き去り状態においては、子どもは母親の心に触れることができず、心が不安な状態に置かれる。子どもが本当に必要とする世話を惜しんではならぬであろう。

母性の欠如には問題が多い。添い寝をしながら子守歌を歌ってくれる母親の声ほど、安心感を与えてくれるものはない。声を聞くだけで母の存在を知り、安心するであろう。大切な心の触れ合い、スキンシップである。

子どもがやがて独立をしていくことが育児の目標であろうが、そのために躾《しつけ》も大切である。アメリカ式育児法は、子どもの独立を重んずるがゆえに、転んだ子どもを手助けせず、一人で起きることを要求する。子どもを突き放して育てればよいかのように誤解を与える。しかし子どもの欲求を母親が無視し続けるならば、心身相関のバランスがくずれ、不安神経症や心的不安を呼び起こす。従って、母親の直接的な世話が長時間続けられる必要があろう。精神活動の不活発さを伴った言葉の遅れは、母親の愛情不足、母性的接触の欠乏を示す、最も早期にして特徴ある症状であり、放りっぱなしにされた子どもは話し始めるのが遅い。言葉の遅れは母性的接触の欠乏を示すとの指摘の声もある。

過保護・過干渉

過保護は子どもを育てる時、必要以上に面倒を見て悪い結果を招く、保護し過ぎの母親の態度である。支配的な過干渉は、子どもの成長の独立を妨げる。親と子どもは別個の存在者であるという自覚に欠ける。子どもを無事育てたいという動機から、支配的、過保護になり、子どもの一人立ち、自立に何よりも必要不可欠な、一人で生きていくことに安心感を与えられない。子どもに育児書通り強制したり、自分の考え通り生きることを無理強いする。これではされる方の子どもは安心感が持てないであろう。過干渉は迫害であり、本質的に子どもを自分の意のままに動かそうとする支配的な育児態度である。母親は一生懸命育てている。母親の自己満足、過干渉的、支配的な育児態度が問題になるのは、その育児法が子どもの成長に重大な影響を与えるからである。

過保護の結果、子どもは　a、攻撃的になる　b、自慢屋になる　c、臆病で柔弱になる　d、青年期以降も、母親に相談しなくては何一つ自分で決断できず自立できない　e、友人と一緒の遊びに参加せず、家庭生活への逃避をはかる　f、かんしゃくや攻撃的行為の姿が表れやすい　g、過食、肥満病がおきることもある。

子どもの自然的な欲求を無視し、母親の思い通り生きることを強要すれば、子どもは自発的な意思を育てることができず、青年期になっても母親に指示されなければ何もできなくなる。子どもを自分の思い通りに動かそうとする支配的なタイプの母親が、アイデンティティ形成不全の子どもをつくる。支配的な母親が育児に熱を入れれば入れる程、子どもの心を傷つけてしまう。

母親は、自分を育てた母親のイメージに基づいて子どもを育てる。

支配的な育児法を採用した結果、「家庭の崩壊」という深刻な悩みに直面することもある。支配的な育児法で育てられた人間は、他者とのつながりができず、生きる意味を見出せない。おとなの心身症や神経症患者、心病む人たちの中には、拒否的、過干渉的、支配的な母親を持つ者が少なくないといわれる。それは、戦後のアメリカ式育児法の結果によるものではないかと専門家は語る。

現代社会という世相

戦後、めまぐるしい発展を遂げた現代社会のありさまを、憶測、多分こうだろうという不確実な推測でなくありのままに見つめると、そこに私たちの取組み、為すべき課題が見えてくるであろう。

心身一如、精神《心》と身体《体》が一つである私たち人間は、「気分」によって左右されることが多い。恒常的ではないが、ある期間持続する弱い感情の状態においては、爽快、憂鬱などの気分、心持ちが生ずることがある。物事に感じて起こる気持ち、感情が備わっているからである。

精神、心の動きを知・情・意に分けたとき、知は知ること、よく知ること、知識であり、情は、物事に感じておこる心の動きであり、快、不快を感ずる主観的な意識である。思いやりの心、情け、男女間の情愛も、この心の動きによって生ずる。意は心の動き、考え、思考活動、感覚的でない抽象的な知覚能力である。快い、美しい、感じが悪いという主体の状況や対象に対する態度、価値づけをする心的過程、情動、気分、情操などは、心（精神）の働きである。

理知に基づかず感情に左右される感情論、一見論理を用いているかのようで実は感情によって考えが動かされ判断を下す感情の論理もあろう。

理性を失って感情に片寄る、興奮することもありがちである。

一〇〇万人を超え増えつつある、心病む人たち

うつ病は、感情の病気である。うつ病の患者（躁うつ病を含む）が一〇〇万人を超えた（二〇〇八年厚労省調査）。一〇年足らずで二・四倍に増加した。うつ病の大半を占める気分障害が急増し、二〇〇八年調査で一〇四万一千人に達したという。

躁うつ病は感情病（affective illness）であり、躁状態あるいはうつ状態またはその混合と感情の障害を基礎とする病的状態が、通常周期的に生ずる精神疾患の一群である。

誘発因子には、日常生活のストレス的なできごとが多いが、うつ病は、転居・新築・昇進・職場転換・小さな事故・重篤でない身体病・男女の性的役割の危機・疲労等が重要であることが確かめられている。近親者の発病遺伝も関係がある。遺伝要因が躁うつ病の病

因に重要であるという指摘もある。社会心理的因子としては、今日ストレスが心身に及ぼす影響、脳の感情中枢（間脳）に働き、病状を発現するとも考えられている。俗にいう精神的緊張が一因にあるというストレス学説がある。

小中高生の暴力行為が増加

全国国公私立の小中高校の学校内外の暴力行為が三年連続で増え、二〇〇八年度は過去最多の五万九六一八件、約六万件（文部科学省の問題行動調査）であった。特に中学生は全体の七二％と増え、自殺した児童生徒も一三六人、石川県内の暴力行為は一九七件と増加、過去一〇年で最多であった。更に二〇一五年の今日、減少するどころか陰湿になり、いじめや殺人事件が中学生世代にまで及んでいる。

虫けらのように生命を軽視する社会。親の恩を知らず、親を親とも思わず殺害に及ぶ。恋愛殺人事件、友達をいじめ殺人に至る。

現代社会に一体何が起きているのか。一体何が原因なのであろうか。

世紀末とアヒンサー（不殺生）の心

諸人の幸せを願う日本仏教は、大乗仏教である。日本は仏教の歴史ある国である。まずそのことを知ってほしい。

社会の経済的繁栄と裏腹に、家族関係がこれほど破壊されている現代社会は「世紀末」ではないかと心配する声がある。暴力事件は昔もあったが、今日ほど頻繁ではなかった。残忍でなかった。原因は一体どこにあるのであろうか。

大人になると、人は恋人を見つけ、結婚し、子どもをもうけ、育て、やがては年老いて死を迎える。ところが、家族の絆、つながりが希薄になり、家族関係が破壊し、親子関係にも地滑り的な変化がおきている。家庭に問題はありはせぬか。

子どもたちの権利

人間が生きながらに有している権利に基本的人権がある。人種・信条・身分等によって、政治上、経済上、社会上の差別を受けないこととして「アメリカ独立宣言」(一七七六年)やフランス革命の人権宣言(一七八九年)等において、自然法的に確立された。

近代の基本的人権は、自然権の思想に基礎づけられて登場し、「人間は個人として尊重される。人間は平等である。自然権は国家権力によって奪われることがない」という三原則によって構成されている。市民社会にあっては、財産権の自由、精神的自由、人間としての自由がある。

現代の基本権において新しく労働権、生存権、環境権、健康権等がつけ加えられた。環境権は、健康で快適な生活を維持するに足る良好な環境を享受する権利であり、憲法第一三条の幸福追求権、第二五条の生存権に基礎を置く基本的人権の一つである。

我が国の憲法では、思想・信教の自由、集会・結社の自由、表現の自由、拷問の禁止、黙秘権等も基本的人権として認めている。しかしそれは、何はともあれ、命《いのち》、生命を継続する、生き永らえる「生存」が前提にある。つまり生命ある人間存在があっての話である。「人間が生まれながらもっている権利」として生存権、自然権がある。国家が与えたものでないから、国家はこれを侵略しえない。社会の各員は、人間らしい生存を全うする権利をもち、日本国憲法第二五条も生存権としてこれを確認、保障している。子どもは小さな大人である。やがて青年期、成人期、壮年期、老年期と成長を迎える。

子どもは、〇歳～二歳を乳児、ほぼ二歳から七歳までを幼児期といい、息子・娘は子孫、後継者たちである。子どもの人格を重んじ、子どもの幸福を願い、「子どもの日」（五月五日）もある。次の世代をになう大切な人、その存在が、子・孫・曽孫（孫の子）であり、血脈は子々孫々継承されていく。

人間は、万物の霊長といわれるように、あらゆる生物の中で最もすぐれているが、顔は人間であっても心は獣類に等しい「人面獣心」の人間も増えつつある。冷酷な、恩義も知らぬ、義理、人情わきまえぬ者、人の道を外れた獣心者を罵っていう言葉である。恩返しをせぬばかりか、かえって仇を以て報いる「恩を仇で返す」姿もある。恩は慈しみであり、慈しみは愛する、可愛がる優しさ、人を大切にすることを意味する。謝恩、恩恵等はよく知られる言葉であろう。「恩知らず」とはいわれたくないのも皆の心情であろう。

さて、生存権（憲法二五条）は、人間らしく健康で文化的な生活を営む為の国民の「基本的な権利」であり、まだ一人前でない幼い子や、無邪気な子どもたちにも大人同然、当然の権利として認められている。なぜか大人だけの権利思想と考えている人が多いように思えるが、子どもたちの権利でもある。

身体的、精神的能力を十分発揮できるような、心身共にすこやかな、健全な人間として「文化的な生活」を営む権利が定められている。基本的とは、最も大切なもの、大本、土台を意味し、権利は法によって保護される利益である。「文化的生活」とは、学問・芸術・宗教等、人間の精神生活、技術的活動の所産を人類の生活に役立たせる社会貢献努力のある生活である。我らはロボットではない。創造性を誇る文化的生活を求める人間である。

現代の家族と子ども

日本型少子高齢社会の影に、一時、児童問題が隠れてしまって、心配を覚えた。家族と子どもの問題については、国際条約の「子どもの権利条約」（一九九四年一九、三四条）で性的虐待、身体的虐待問題が取りあげられているが、最近特に、家族問題として「子どもの虐待（殴られる子ども）」「夫婦間の暴力（殴られる妻・殴られる夫）」「老人虐待」が社会問題化し目立つ。

子どもの虐待の中で特に問題となった一例が、性的虐待である。実父による実の娘への近親相姦（インセスト）である。

虐待の種別には、次のような諸現象があろう。

一、身体的暴行

二、棄児（普通の状態で発見されないところへ、死ぬかもしれないことを想定し子どもを置いてくる）、置き去り（必ず発見される病院前、人通りのある所へ子どもを置き去りにする）

三、保護の怠慢、拒否（食事を食べさせない。病気になっても、そのまま放置する）

四、性的暴行
五、心理的虐待
六、登校禁止

加害者には高学歴、高所得の人たちもかなり多い。背景には、親族との断絶、夫婦間の暴力、夫婦不和、期待に合わない子（男の子が欲しかったが、女の子が生まれた）、望まぬ子（産もうと思っていなかった）があろう。

若い母親にとってみれば子どもはウンチもする。夜中に起こされる。トイレット・トレーニング等、面倒なことがいっぱいあると、ストレスの原因であるという言い分もあろう。飲酒、危険薬物の使用等によっても子どもの虐待が生み出される、虐待家族の構造には、互いに思いやる心が不在である。子どもの意思を踏みにじった「生存権」、人権無視の親子心中、殺人行為もある。

このような世相において、日本の仏教は沈黙でよいのか。どう考えるのか。見て見ぬふりでよいのか。ここに大乗仏教としての親鸞、蓮如精神の現代社会への蘇り、救済道という意義があろう。その救済の根源は何か。

三つ子の魂が重要である。人生は幼児体験に始まる。お世話になった人、先祖への感謝

（報恩）の生活、ありがとうと言える心を育てることが大切であろう。心のよりどころ、仏壇のある暮らしも大切である。

恩知らずの人面獣心の心ない人間が牙を研ぎ、牙を剝き、街を歩いている現代社会は、内部からの崩壊の途上にあるようにも思える。日本には世紀末の世の、いわゆる亡国の前兆、『無信仰亡国論』（拙著、国書刊行会）が見られよう。私たちは大切なものを忘れてはならない。大切なものを忘却した物質偏重主義、心不在の社会に、亡国の音が聞こえてくる。

人権とは、人間が人間として固有する権利であり、たとえ家族の一員と可愛がられていても犬や猫には人権はない。人間の尊厳、威儀正しいこと、厳粛性についての法律的な表現であり、その根幹にはプライバシー（私事の内密）の尊重、自己決定権の保障がある。

人権蹂躙《じゅうりん》は、国家権力が憲法の保障する基本的人権を侵犯することである。弱者も一市民として人間らしく扱われる必要がある。

私たちは一人で生きているのではない。私たちには家庭がある。家庭とは一体何なのか。崩壊させてよいものではなく、守らねばならないものである。

家族は社会構成の基本単位である。夫婦を始め、生活を共にする親子兄弟等の血縁集団である。笑顔のあるやすらぎの場であり、うちとけた気分にひたれる場であろう。家庭は家族が生活するところであり、夫婦、親子などが一緒に生活する場である。家庭の生活の中で、父母その他の家族によっても家庭教育が行われる。子どもは乳幼児期の教育、幼稚園の教育、保育園での保育はもとより、就学後も、家庭環境、人間関係により影響を受けるであろう。

家族が同じ屋根の下で、人間として豊かな自己の能力、個性を現実に発揮し、その中で個人の自己実現を促進する場所が家庭である。

お母さんの権利、女性の人権、子どもの権利、お互い人権を尊び、お母さんの自己実現、お父さんの自己実現、子どもの自己実現、それぞれの家庭構成員の権利、人権が尊重され、自己実現がはかられていく。そこに人間家族の楽しい物語があろう。

家族とは一体何なのか。家族主義的な考えが解体していく現代社会にあって、大切なものを忘れかけてはいないか。現代人の忘れものがあるように思える。

躾と虐待

躾《しつけ》（仕付けとも書く）は、礼儀作法を身につけさせること、身についた礼儀作法をいう。衣服のしつけは、後に縫い目を正しく整えるために、仮にざっと縫いつけておくことである。

田植えにも関係し、稲の苗を縦横に正しく曲がらないように植えつけることから、田植え期間を仕付け時という。今は農作業も機械化されて、このような言葉もあまり聞かない。

母親の躾の態度が、子どもの歩行や発語にも影響を与えるといわれる。子どもの排便異常は、排便時の母親のしつこい強制的な躾に対する反抗であり、母子間の関係の障害が異常としてあらわれる。異常なのは母親の方であり、子どもの反抗は正常な自衛反応である。母親が考えている通りにしなければ、子どもの健康が保たれないかの如く不安を抱き、排便にこだわる。自分が障害を助長していることに気がつかない。排便異常はこのタイプの母親によってつくられるといわれている。

子どもの心は、もっぱら母親との交渉を通して形作られる。排便障害児は、よくない児ではない。一種の心的障害児である。故意に失禁するように見える子どもにしても、しつける保護者(母親)にも責任がある。子どもだけを責めてはいけない。親が子どもとの関係を距離を置いて見られない状態にある。解決法は、子どもが排便に対して抱いている緊張感を、できるだけ取り除いてやることである。母親自身の緊張した態度は、そのまま子どもの心の鏡に映り反応を示す。まず母親が緊張を取り除いてかかる必要がある。なかなかしつけられないとしても、叱ったり、強制を加えたくなる気持ちを抑えることが重要である。

排便は幼児期の間に「自然に」しつけられるであろう。人為が加えられず、ひとりでに、おのずからそうなる。自然力を信じてよい。子どもの発達権の保障という考え方である。

二〇〇〇（平成一二）年、議員立法で「児童虐待の防止等に関する法律」が成立、子どもの虐待の定義が法律によって初めて定められた。これに先だって一九八九（平成元）年、「子どもの権利条約」が国連で採択され、一九九四（平成六）年、日本においても批准された。

二〇〇〇年の児童虐待の防止等に関する法律は次の通りである。

第二条　この法律において、「児童虐待」とは、保護者（親権を行う者、未成年後見人その他の者で、児童を現に監護するものをいう。以下同じ）がその監護する児童（一八歳に満たない者をいう。以下同じ）に対し、次に掲げる行為をすることをいう。
一　児童の身体に外傷が生じ、又は生じるおそれのある暴行を加えること。
二　児童にわいせつな行為をすること又は児童をしてわいせつな行為をさせること。
三　児童の心身の正常な発達を妨げるような著しい減食又は長時間の放置その他の保護者としての監護を著しく怠ること。

四　児童に著しい心理的外傷を与える言動を行うこと。

子どもの虐待を人権侵害という視点から見ると、具体的には次のような例となる。

a、身体的暴行……外傷の残る暴行、あるいは生命に危険のある暴行、外傷としては、打撲傷、あざ（内出血）、骨折、頭部外傷、擦傷、火傷など。生命に危険のある暴行とは、首を絞める、布団蒸しにする、溺れさせる、逆さ吊りにする、毒物を飲ませる、食事を与えない、戸外に締めだす、一室に拘禁するなど

b、棄児、置き去り

c、保護の怠慢ないし拒否…衣食住や清潔さについての健康状態を損なう放置、健康状態を損なう放置とは、栄養不良、極端な不潔、怠慢ないし拒否による病気の発生など

d、性的暴行……親による近親相姦、または親に代わる保護者の性的暴行

e、心理的虐待……極端な心理的外傷を与えたと思われる行為。心理的外傷とは、児童の不安、怯え、うつ状態、凍りつくような無感動や無反応、強い攻撃性、習癖異常など、日常生活に支障をきたす精神状態が現れているものに限る

f、登校禁止……家への閉じ込め

g、友人によるいじめ
h、教師による体罰、いじめ
i、施設による体罰、いじめ
j、学校による登校禁止（法律上の停止は除く）
k、警察からの通告事件で本人は非行を否定し、冤罪またはその疑いありと考えられるもの
l、施設入所指導に対する親の強い拒否
m、親による施設入所の強要
n、学校による施設入所の強要
o、親による施設入所児（里親委託児）の引き取り強要
p、引き取り指導に対する親による強い引き取り拒否
q、障害児の療養指導に対する親による強い拒否
r、信仰上からの医療拒否
s、親による非行の強要
t、友人による非行の強要

u、その他

虐待体験が子どもの人生、生涯に及ぼす影響

虐待によって、子どもは身体・情緒・行動や性格形成等に広い範囲で影響を受ける。

身体的虐待は、身体障害を負ったり、時には生命まで奪われることもある。虐待により身体的発達の遅れ、環境要因による知的発達障害等も認められる。養育の放棄、怠慢により、虐待を受けた子どもが、行き場のない怒りのエネルギーを持て余して、問題行動を起こす可能性が大きい。虐待体験は、感情コントロールの障害を起こす。感情調節の機能の発達が充分でなく育っているので、ささいなことから感情爆発（かんしゃく・パニック）を起こす。

被虐待者の問題行動として、万引き、盗癖、摂食障害、アルコールや薬物・異性への依存やリストカット、虚言癖（嘘や作り話）等も起こす。

児童相談所等が子どもを虐待より保護するため、親子分離をすすめる。それが子どもにとって一番よい方法であると思い分離するのであるが、「自分が悪い子だから親から見捨てられた」という思いが、子どもを支配する。それでも子どもは親を慕う。

子どもが帰りたがっても虐待者のいる家庭へ帰らせるわけにはいかぬ。なぜならばそれは、命や健全な発達に支障をきたすからである。一人一人が基本的人権・人間としての尊厳をもつ存在であり、命は一番尊い。何よりも尊いからである。

両親の間の不和が子どもにどんな深刻な影響を与えるか

人間の一生にとって、原体験としての幼児体験の重要性を述べたが、父親の暴力行為によって、永遠に癒され難い心の傷を負うことが多く、狂的な父親の怒りに支配される家族関係の中に置かれた子どもは、父母とどうかかわればよいかがわからなくなるであろう。

一組の男女が憎み合いながら子どもを生み、そのような両親の間で自己形成を始めなければならぬとしたら、安息感もなく、両親に対してすら武装を余儀なくされ、人間性を傷つけられた人間が誕生するであろう。

弟妹が生まれてくることで、幼子はどんな影響を受けるか。上の子は今までほど、手をかけてもらえず、ないがしろにされがちであろう。三、四歳位の子どもにとって、母親の愛情保護は不可欠であり、すべての子どもに愛情と関心が向けられているということを、子どもに理解させる必要がある。

子どもは母親に冷たく扱われたりすると、自分は実の子ではないかもしれないと思うだろう。母親に目をかけ愛してもらいたいと、絶えず切望している。血のつながりより心のふれあいが、いかに大切かを反省させられる。

父親の役割

子どもは最初のうち、ほとんど母親だけを相手に生活する。生まれてから幼児早期の子どもにとって、母親がほとんど絶対的な存在であり、母親の役割の重要性は語った通りである。

育児における父親の役割があろう。両親の不和が長く続くと、それが子どもの人間形成に影響を与えることは測りしれない。心身症患者にもなりうる。円満な家庭には、優れた人格の持ち主、学力の優秀な子どもが育つであろう。それほどに、非暴力的な、子どもにとってやさしい父親の存在は重要であろう。

現代の父親の典型像として語られるのは、育児は母親まかせ、父親は黙って見ているだけ、母親のいいなりになるだけ、最近の弱い父親の父性の喪失が嘆かれる。

父の座が家庭や社会を支配した精神的基盤はほぼ崩れ去り、父親の権威の失墜が問題とされている。父性、母性欠如、双方共問題であろう。

不登校の子どもの父親には威厳がない。甘すぎる。アイデンティティ形成不全の完全無力型が多いともいわれる。子どもの自主性を育て、何か一つ好きなことを見つけさせることが大切であろう。父親にはある種の威厳、強さが必要なのかもしれない。威張ったり、家父長制（家父・家長の支配権を絶対とする家族形態）の復活を意味するのではない。

子どもが成長するにつれて、父親は次第に重要な意味をもつようになる。父親が子どもに果たすべき役割は何であり、子どもの成長にどんな影響を与えるか。

「父親は子どもに世界への道を示す人」（フロム）

父親は、人間存在の思想・法律・秩序・訓練・旅行・冒険等を子どもに教え、道を示す人、即ち父親は人間としての精神の世界を表す存在であるという。

思春期になって、父親が最も必要になる。権力を振う母親は、子どもの欲求を無視してしまう。

心の病である神経症や心身症は、乳幼児期における母親との交渉に一次的原因があるのみならず、父性を欠いた父親をもつことが発症の要因となる。

母親との交渉から、子どもが何らかの心身の障害をもったとしても、父親いかんにより、その障害が克服されうる。つまり、父性を欠いた父親をもつ子どもが、どうして心身の障害が克服できないかが分かれば、父親の役割が何か分かるであろう。

直接的な母親の強さ、間接的な父親の強さ、そのどちらが欠けても、子どもの正常な成長は望めない。子どもの神経症や心身症、心の病が増加するのは、ひょっとしたら母性のみならず、父性をも失いつつあるところに原因があるのかもしれない。

強い父親をもつか弱い父親をもつかによって、子どもは決定的な影響を受けるであろう。人間の心身の異常の治療には、全人的な生き方が問われる。心身の異常は、個々の人間の生き方の総清算ではないか。育児のもつ意味は重く深い。

小学校を終える頃から、父親の役割は重みを増し、男の子は父親像、父の背中を見て育つ。父性軽視（女性側）、父性放棄（男性側）が加わって、家庭には父母の両親がいるというより、母親が二人いる状態とすらいえる。

父性や母性の喪失、神経症や心身症、不登校、非行、自殺する子どもたちの家庭には、父性欠如の傾向が見られる。現代の育児の欠陥である。

父親が役割を再認識せずして、強い子どもは育たぬ。お父さんの役割は大きい。

子どもに愛情を持って育てることである。誘拐や痴漢、性的異常者、危険ドラッグ、泥田のような人間の社会。二一世紀コンピューター社会には、子どもにとって危険な落とし穴がいっぱいあり、両親、祖父母は大切な子どもたちを護らねばならぬ。

子どもから目を離すことなく、自主性を大切にしつつ、慈しみの心で優しく見守り育てることであろう。やがて時は親から子どもの世代に移るが、無限の可能性を持つ子どもの夢をどう開花させるか。親はかけがえのない、心ある教育者でなければいけない。

第二章　人間教育の礎

育てる教育

「教育」という二文字は「教え育てる」ことを意味する。「教えること」と「育てること」の双方の合成語である。

教卓上より人に教える。けれども教育者の心が不在または不充分であり「育てる心」が不在であっては、教育道にはならない。

人に教えて知能を高め、働きかけて望ましい姿に成長、そして成熟させる。その活動の根源には、「教育愛」が存在する。

他の利害を考えず何事も自分本位、自分の利害を中心に考える利己主義者もいるが、親兄弟をいつくしみあい、広く人間やすべての生きとし生きるものへの「思いやりの心」を持つことが大切であることは言うまでもないことであろう。

自分さえよければよいという「主我性」が人間には潜んでいるのが存在の実態ではなか

ろうか。

蝸牛《かたつむり》のように自分の殻の中で暮らしていて、自見に執着して聞く耳をもたない。自己主張が激しい。従って自分の殻の中に閉じこもり、真実の叡智を悟ることがない。

仏陀の弟子たちは「如是我聞《にょぜがもん》」（私はこのようにお聞きしました）と人生の究極のよりどころとなる「悟りの智慧」を聞思吟味し身につけ、人の身の受け難きこと、仏法の聞き難きことを知り、悟りの叡智を真摯な聞く耳をもって、人生の基礎であり万学の女王である哲学や信仰つまり人間の精神生活、身体のみでない心の問題を尋ね、人としての生き方や生きる意味を見い出し、心の糧を身につけ、かつ広大無辺な世界観や人生観を学んだのではなかったか。

そこには意識や行動の主体である自我を超えて人生の教師にめぐりあえた歓喜の出会いが伺え、人類愛に満ちた慈悲深い仏陀《ぶっだ》による叡智遭遇の啐啄《そったく》同時（師と弟子の呼吸がぴたりと合う）の瞬間、喜びがあったのではなかろうか。

迷路に懊悩していた若き日の親鸞は、よき師法然にめぐりあい生死度脱《どだつ》（迷いの世界からさとりの世界へ導き入れる）超克の智慧を得て、真実の生き方を発見するに至る。もの知り即ち知識偏重でなく永遠なる交響曲の響きをもつ救済の叡智に遭遇する。

念ずれば花開く。晩年親鸞は、究極的な宗教的実存に住し「自然法爾《じねんほうに》」という自然の法則、その摂理の発見に至る。

われら夢あり　一願建立の夢に生きる

子どもが大好きな筆者は、若き日、昭和五三年の春であったが、子どもの可愛さに心動かされ地域の子どもたちへのプレゼントとして市原の能満の森に「能満幼稚舎」を設立し、教育事始めを発願した。子どもは動物の子どもであっても実にかわいい。人間の子どもは尚更である。次の世代の子どもたちを「育てる教育」は、いつしか「教育道のいろは」として展開することになる。

この一願建立の夢は、いわば、種蒔きとして開花結実をもたらすのであり、自然の因果の法則によって願いが叶う結実の日々へと移るのである。光陰矢の如し、三十九年の学園の歴史は、願いの叶う学園として一粒の種より花が咲き姉妹園「ちはら台幼稚園」「まきぞの幼稚園」「おゆみ野南幼稚園」として結実した。それらは今から思うと自然の道理、因果律による実りに巡り合ったように思う。願いが叶う学園の根本思想は、因果の法則の是認があり、夢、希望というその可能性が現実化し念願成就に至ったと考えられる。

「桃栗三年柿八年」という格言は、夢をもつことの尊さを教訓として示している。あれもこれもの雑行ではなく、初心を忘れぬ一途な専心専念のただひたすらな道、そのことのみに心をそそぐ一筋の道であり、一芸に秀でる専修の道といえる生き方なのかも知れない。心が散乱し、雑念が多い夢や希望のない人生行路もあろう。しかしながら「この道よりわれを生かす道なし」という初志貫徹の生き方が決定し獲得されるなら、大器晩成して必ず開花結実に恵まれると信知してよいであろう。それは我利我利亡者の利己主義の自分本位自分の利益中心の思考や人格ではない。自己を忘れ他を利する「忘我利他《ぼうがりた》」の広い心が肝心であろう。一願建立の発心には、利他主義に汗を流す真実の生き方、姿勢が求められていて自利のみに終始する小さな考えは、不条理な思想、人格として自然に淘汰されて枯れてしまう宿命にあろう。利他主義のアイデンティティの形成こそが繁栄の道を築くのであり、自分たちの利権中心の自利主義のエゴイズムは宿命的に「自利貧」の道に追い込まれる。利他の成果主義が勝利し、自己中心主義は自分の取り分、分配のみの目の先の計算ばかりで奉仕の心がないがゆえに、これらの人々には自然の摂理によって天罰が当り、因果律により望ましくない結果が顕現するであろう。

教育道には、皆の願いを叶える、育てる利他奉仕の心が大切であり、そこに汗水を流す利他成果主義が求められている。自然の掟は因果律の顕現である。自業自得の道理から言えば、利他主義にこそ繁栄成功の道でありこの心得が大切であり不可欠であろう。教育のいろはの出発点の心であろう。

一意専心の生き方の大切さ

物事を捨身で命がけでする「一生懸命」という言葉が筆者は好きである。一心不乱、種々の外界の事物、日常に対して心を一つに集中し他念のない専念、一つのことに心を注いで他のことのために乱れない生き方、一意専心に開花結実の鍵概念がありそうである。生き方をも吟味し、願いを立てて発心したならば「不退転の決意」にて志をかたく保持し退歩せずに、一進一退、進んだり後戻りしたりせずに、目標に向かって一途に初心を貫き前進することが肝要であろう。骨なし人間ではなく信念を貫き屈しない精神のことである。屈するは、かがむ、相手に劣り負ける、くじける、気がふさぐ、心が沈む、押さえつけを意味するが、屈しない、何よりも自分自身の中にある怠惰怠慢、なまけ心に負けぬことであろう。動物園でお目にかかる四肢の鉤爪が長く木の枝にぶら下がって生活するナマケモノが大嫌いである。育児放棄もする。好きになれない。動作は緩慢でほとんど木から下りず、木の葉、果実を食べて暮らしている。

精を出さない、働かない、なまぬるい、元気がない、平素なまけている怠惰の人もいるであろう。一方、目標実現のため、心身を労してつとめる努力の人もいる。

兎と亀の物語は、登り坂を優位に進んで油断をした兎が丘の上で居眠りをし、一途にゴールに向かう鈍間《のろま》な亀に抜かれて亀が勝利するお話であるが、横道にそれぬこと、たゆまぬ努力の大切さを諭している。博打人生もよろしくないであろう。心が貧しい「自利貧」な生き方でない、利他成果主義、一意専心「不退転《ふたいてん》の決意」に成功の叡智があるように思う。教育道には「育てる心」が肝心で、それはやがて大きな実をつけ大器晩成に至ると信知している。人の一生には転落もあろう。模範として学ぶべきではない悪い手本を反面教師として、私たちは「真実一路の人間の生き方」に学び叡智を身につけるべきであろう。ちょっとした仕事で努力もせずに、一時に巨大な利益、大金をつかみとる一獲千金を願うよりは、因果律の大器晩成の人生哲学をもつ人として、人々のために汗を流す自利利他円満な努力型の人としての活躍が願われている。

教育学園の建学の精神、教育事始めの願いはかくの如く、いろはから始まり、不退転位の決意と柿八年、その八年の継続努力たゆまぬ努力によって、念願が成就している。正しい定業として一行のみを決定し現世でさとりを得ると確定した決定的な人々、正定聚《しょうじょうじゅ》の位《くらい》の人々のさとりまで退転なく進んでやまぬ貫く魂に、当学園の建学の精神がある。学問の基礎は哲学にあり、不退転位の哲学思想の理解が学問事始めの最初にあり、身につけるべき大切な指導者、求道者の心得と言えるであろう。

第一項　プレホスピタルケア実践の道

狂った現代

なぜ人を殺してはいけないのかと人は尋ねる。なぜ人命救助が大切なのか。友人や家族、大切な人を心に人命救助、救助蘇生技術を身につけ人命救助を志す人たちがいる。その一方で私たちの暮らす現代社会には平気で殺人をする人が大勢生存していることも事実であろう。

日々の殺人事件がテレビ、新聞のニュースで報じられる。誠に嘆かわしく思う。このような生命軽視の二一世紀社会の風潮は、人々が大切なものを忘れてしまったからではなかろうか。生命軽視・物質偏重の文明、経済優先社会の歪み、世の狂いが見られるように思える。

そのような損得の経済社会の目安に基づく二一世紀社会にあって、人の命の尊さを心の中軸に置いて人命救助を目指す目の輝いた人たちがいる。彼らは一生の間に、一人でも多く大切な命を救うことができたら、との願いを持ち、救急救命技術を身につけようと、その知識と叡智を学び、救急救命士という専門職者をめざしている。

人殺しを平気でする人、救命蘇生を目指す人、人間社会の諸相、思想、人間の質は千差万別であろう。

生きている生物は、実は「人間」だけではない。草や木や、自然の中で生きるトンボや蛙、全ての生物にも命がある。

私たちは海の幸、山の幸の恩恵を受け生活している。桃栗三年柿八年、果実の恵み、因果の法則（因果律）のお蔭もあろう。山は海の恋人、樹木の恩恵による美しい空気や水も人間の生命を支える。

狂った現代史には、戦争という人殺しの地獄絵図そのものの歴史もあり、自業自得の業《ごう》が戦後七〇年の今日も尚、国際問題となっている。

ＩＤ形成不全、魂不在の無気力人間も大勢見られ、引きこもり、いじめ、虐待もある。初心を忘れ途中で物事の成就を放棄する退転位の人も少なからず存在する。危険ドラッグで人生を台無しにする薬物依存者、中毒服用者もいて、無関係な人が交通事故に巻き込まれて災難に遭うケースも見られる。オレオレ（振り込め）詐欺も多発している。死刑は是か非かの倫理問題もあろう。

救命実践はアヒンサー（不殺生）思想に始まる

仏教信者が守るべき五つの大切な戒めである。

一、生き物を殺さないこと（不殺生戒）
二、盗みをしないこと（不偸盗戒）
三、男女の間を乱さないこと（不邪淫戒）
四、嘘をつかないこと（不妄語戒）
五、酒を飲まないこと（不飲酒戒）

五つの戒は、人間の行いについて語る。行いを慎み、戒めを守ること。仏教に帰依した者が守るべき行いの規則を指し示している。修行に当たり、自らに課する戒め「悪い行為をせぬ」という誓いであろう。繰り返し、しっかり身につけるべき大切な行いである。

この五戒の一つ、不殺生戒は、「生き物を殺すなかれ」という意味である。いのちあるものをことさらに殺してはならぬ。人間同士は言うまでもなく、生き物を殺すなかれという生命愛護、共に生きる社会生活の育成の心である。本質的な深い愛情である仁慈の心をもって、生きとし生けるものに接し救済することを意味している。人を殺したり殺させたりしない和の心であろう。

アヒンサー（ahiṃsā、不殺生）は、殺生、生き物を殺す狩猟、漁労等の殺生殺断を禁ずる。aは否定、hiṃsāは傷害の意であり、不殺生、不傷害の意で「あらゆる生物を傷つけたり殺したりせぬこと」、宗教・倫理・道徳の基調を成す思想で、釈尊の根本教義の八正道の正業とはアヒンサー等であると説かれた。

仏教は慈悲の精神から、むごいこと、可哀相なことと鳥・獣・魚等の狩猟を禁じた。漁船は殺生船といい、律令国家であった平安の時代「僧尼令《そうにりょう》」にて不殺生は価値観として君臨し、直接殺生に手を掛ける者は人間扱いされず、人非人の扱い、差別を受けた。そこには不殺生を最大の価値観とする時代の人間の行動規範があった。日本仏教はこの影響をうけ、放生会《ほうじょうえ》が儀式化され行われた。

これらのアヒンサーの思想は、生命軽視の現代社会にもっと知られてよい「命を尊ぶ大切な思想」といえると思われるが、いかがであろうか。

少々専門的になるが、ブッダの戒めに現在も仏教徒に共通して読誦される一偈に「七仏《しちぶつ》通戒偈《つうかいげ》」がある。

諸悪莫作《しょあくまくさ》（諸々の悪を成すことなく）

諸《しょ》（衆《しゅう》）善奉行《ぜんぶぎょう》（諸々の善を成して）

自浄其意《じじょうごい》（心を清くせよ）

是諸仏教《ぜしょぶっきょう》（これが諸仏の教えである）

この四句は一切の仏教を総括し、仏教の全ての教えをこの一偈に摂したものであるといわれる。計り知れない過去に出現した仏以来、引き続いて過去七仏が共通して受持したといわれる戒めである。

悪をなさば悪を得る。悪い行為、悪いことを行えば好ましからぬ報いが自らの身に降りかかる。人倫秩序の破壊を招くばかりでなく道徳上も決して奨励できるものではない。

私たちがよく耳にする道徳とは、人の踏み行うべき道であり、社会での成員相互間の行為を規制するものとして一般に承認されている規範の総体であろう。

道徳は法律のような外面的強制力を伴うものではなく、個人の内面的なもので、良心と同じ意味合いであろう。人には人の道、倫理があり、目的の実現に必要な道徳の心もあろう。邪善悪を知り正善を意思して、邪悪を退けようとする意識にて善行を行おうとする。道徳法則、道徳心を尊敬しモラリストは不善を行わぬという道徳心を持つであろう。

動物を虐待・殺生すれば、動物愛護が諭される。殺人は、殺人犯として裁かれる。それらの行為を仏教では業という、自業自得の働きがあるという。

業《ごう》(karman)は、行為、行動であり、心や言語の働きは因果の道理によって必ずその結果を生む。業の果報である。自業自得《じごうじとく》、自ら作った善悪の業により自分の身にその報いを受ける。業は人間のなす行為、振る舞い、動作である。身体の動作(身)、口で言う言葉(口)、心に意思する考え(意)の全て、意思、動作、言語の働き、意思に基づく心身の活動が潜在的な余力(業力)を持ち、後に何らかの報いを招く。ある結果を生ずる原因として過去から未来へ存続して働く一種の力とみなした。一つの行為は必ず善悪、苦楽の果報をもたらす。だからと未来に向かっての人間の努力を強調している。

平生のうちに行為の結果、平生業成《へいぜいごうじょう》が完成する。臨終を待たずして不退転の決意が願いを叶える。願いが叶うという。

むやみやたらにあらゆる生き物を殺さぬこと。盗みをせぬこと。不倫を慎むこと。嘘をつかぬこと。酒を飲まぬこと。これらの行為によって人生を損なうこともある。そこで倫理によって、けもの道ではなく人の道を歩むよう諭す。自然の法則、道理としての業思想であろう。易しそうでなかなか守り難い人間生活の課題と言えよう。

体面を崩さないこと

専門職者の実践の倫理思想は、言い換えてみると体面を崩さないことを一人一人が自覚することであるとも言える。世間に対する体裁、面目がある。自分の姿、状態を他の人が見たとき、体面を汚しては面目がない。恥ずかしくて人に顔向けができない。面目丸つぶれの軽率な行為は、自分一人の問題でなく、救急救命士であるにせよ、僧侶であるにせよ、その専門職者全体に傷がつく体面を崩す行為となるであろう。

公務員、警察、教員、消防士等の盗撮やセクハラ、一八歳未満の女性との交際、児童福祉法違反等が懲戒解雇等と紙面を賑わすが。無倫理・道徳は職業人全体の体面にも及ぶ。本来、公職とは人々の信頼、尊敬を集める生活実践道でなくてはならぬであろう。

米国では、道行く人たちが救急救命士に対し自分たちの大切な命を救って下さる大切な人と敬礼をする姿を目にしたが、公職にある者は尊敬と信頼、人格を身に具えた職業人として行動する必要性を覚える。このことが「体面を崩さない」という大切な心得であるといえる。

行利他アルトルイズム

一般に私たちは、自分の利益を先に考え、計算し、自分の分配を多くよこせと自力のはからいで事に臨みがちである。自利利他と言われるように、自ら利益を得、他の人をも利益すること、自ら悟りを求める自己自身のための実践修行があり、それが人々を救済し人々に利益を与える。他者を利益する利他の働きとなり、衆生（人々）を救うことが優先され、他利、他の人びとが利せられる利他主義（altruism）、行利他が大切である。この利他行によって、私たちは自ずと自分の利益も施与される。利他が肝要である。

利己主義（egoism）は、自分一人だけの利益を計ることであろう。利己主義は、自己の利害だけを行為の規範とし、自己の利害だけを計って欲をかき他人の迷惑を考えようとしない。自己心が満ち満ちており、わがまま勝手に行動する自分勝手な人といえる。この主我主義、自己ご都合主義は、社会一般の利害を念頭に置かない考え方であろう。

社会貢献が求められている。

現代人は、少しずつ貧乏、欠乏のジリ貧状態になっている。人は自分の考え、自己の見解、自見に執着し高慢になったり一人合点したりする。自分の殻の中で自分の考えで理解し、深く思い込み、強く心を惹かれ、それに囚われる。自我礼讃もある。自分は完璧、パーフェクトである。満点である。人さまへの評価は厳しく低いが自分には甘い。自分の間違った判断力にて一人合点し蝸牛のように自分の殻の中に生活している。主我主義を脱し、自分に執着せず無我の境にて忘我（己）利他の正しい認識を持つことによって主我性を脱し、利他行、利他主義の本来の救済、アクティビティ（活動）に至るであろう。

人々に楽を与え（慈）、苦を抜く（悲）抜苦与楽、思いやる慈悲心、親心が大切で、愛と憎しみを超えた本質的に深い愛情の心が活動の根源にならなければならない。

アイデンティティの形成

本当の自分の発見

思春期、人は自分探しの思索の日々を過ごすであろう。自分が本当に行いたいことは何か。一定の猶予期間、モラトリアムの熟慮期間を経て、人は自分が生涯をかけて本当に行いたい夢を発見する。そして努力が最大の味方となって夢が叶うことも知るであろう。青年期には人生の最も重要なアイデンティティの形成の時を迎える。

このアイデンティティ形成には幼少期の魚やカブトムシ、トンボ、蛙、ダンゴムシと遊ぶ人生の基礎学習が土台になっているといわれるが、人生の基礎がなく人格が砂上の楼閣であるとアイデンティティ形成不全になり、引きこもりや不登校等、社会病理現象も見られるともいわれている。

アイデンティティの形成はその意味で、思春期にはこの上もなく大切な精神的支柱であり、生きる意味の発見、生き甲斐を見出すことにもつながる重大な課題である。自分の学習の視座、人生の道標が決まれば目標に向かって努力をし、生き甲斐のある若き日々の人生行路となるであろう。生涯をかけて専念すべきイデーの発見・実現である。

救済対象は人間・諸人
大乗仏教の心

産業革命以降今日に至る歴史的日々は、機械文明が躍進的に発達し、交通機関新幹線、ＬＥＤと生活様式も便利さを増し、科学の恩恵も被って誠に有難い二一世紀社会となっている。その一方、自ら思考すること、主体性を蔑ろにする傾向が見られる。大切な叡智の獲得、その実践が忘却されて、精神性のない無自覚な人びとが無意義に現代生活をしているように見える。

我が国は長き仏教文化の歴史伝統を持つ国である。心こそが人生を左右すると、この苦悩の人生も我執の無明《むみょう》を智慧によって解放、解脱し、真理の目醒めを得、ありのままの事実を洞察し、全ての生存者の不安、懐疑、煩悶、苦悩を智慧により救済する希望を持つ国土、仏教国である。我が国には諸人済度の道、大乗仏教の心、根本精神が国土の根幹に存在するように思える。

解脱の哲理の実践は、自覚から始まり利害欲念への執着を離れて眺められる時、「柳は緑、花は紅」の美しい世界が見られるようになるであろう。自覚によって始まる仏教の真髄、人生の真理の理解は、頭で納得理解する単なる知的了解に止まる知識や、物知りを意味するものではないであろう。

真の自覚を、仏教は見惑、思惑の概念にて説き明かしているが、見惑とは知の上の迷いであり、思惑は情意の上の迷いを指している。無常無我の真理を自覚せず、常見、我見に陥っている状態は思惑である。解脱への第一歩としてまずこの見惑を克服する必要があろう。

仏陀は日々不断に内省し、真に体現し、努め励まねばならぬ。「撓《たゆ》みなく努めよ」と不断の精進努力の克服道をすすめている。

世の中には煩悩の虜となって不安、苦悩に呻吟《しんぎん》する無自覚の人びとが無数に存在しているであろう。これらの人びとを見捨てて独善的に自分だけの自覚を成就してそれで良しとせず、迷える人々の済度に努める必要性を諭したのが大乗仏教の心であろう。

難解な表現を避け、誰にでも理解できるように平易に仏教を説くことは、大乗仏教精神として最も重要なことであろう。「唯識《ゆいしき》三年倶舎《くしゃ》八年」といわれ、仏教語はひどく難解なものである。朝から晩まで専心努力して一通り理解できるのには三年かかるし、専門用語としての仏教語を理解するのに八年の歳月を要するといわれている。

仏教思想史をふり返れば、仏陀の根本仏教、原始仏教は、小乗仏教、大乗仏教へと発展している。我が国に伝来した大乗仏教を語るのに専門的な仏教語が使われる。しかし人びとに仏教の心、その真髄が理解されてこそ有用・有益であり、形而上学的問題として論議したりすることは解脱に益のないことと語る。

自覚より覚他へと、大乗仏教精神を新しい見地からそれを今日に生かす、安心立命を積極的かつ平易に語ることが重要である。伝道上のその努力姿勢は、大乗仏教精神として決しておろそかにはできない大切な事柄であると言える。

縁起観《えんぎかん》は、共生、全ての人びとが共に生きる相依相関を意味している。簡明な言葉で仏教を理解できるように心がける必要がある。救済の対象は人間、人々である。人間とはどんな生き物か。真実ありのままの人間観により仮面を脱いだ真の人間、凡愚の救いの道が発見できるであろう。

第二項　人命救助を目指す教育道

なぜ殺人は許されないのか

最近若い世代の人による命を虫けらのように扱う殺人事件が毎日のように報じられている日本社会の現実がある。なぜ人を殺してはいけないのか彼らは尋ねる。

二〇〇四年、長崎県佐世保市内の小学校で、当時小学六年生、一一歳だった女児が同級生をカッターナイフで刺し、死亡させた。長崎家裁佐世保支部は、「普通の感情や情動を持ち、意思を伝達する方法を習得することが必要」と指摘し、女児を児童自立支援施設に送致した。

一九九七年には、神戸市で、当時中学三年、一四歳だった少年による連続児童殺傷事件が起きた。少年を医療少年院に送致した神戸家裁決定は「少年は、生まれてこなければ良かった、自分の人生は無価値だと思っていた」と述べた。

佐世保市で、高校一年の女子生徒が同級生を殺害した容疑で逮捕された。同市では一〇年前の二〇〇四年にも小学生による殺人事件が起き、市や県をあげた「命の教育」が行われてきたにもかかわらず、殺人事件が再発した。

人命救助教育が成果を上げていないのは、人間教育の方法に問題があるようにも思えるが、人間存在を性善説で考えられぬ現実もあろう。

モラルの低下を否めない今日の日本社会にて、子どもたちに自分も人もかけがえのない命を持つ人間である、ということに気づいてもらうためにはどうしたらよいか。生まれてこなければ良かったという、人生は無意味で無価値なものと考える人生観をもつ子どもがいる。アイデンティティを確立した、自分の好きな道の発見や生きる意味を教える、人生の基礎である哲学を研鑽した先生の諭し、愛情が必要である。コンピューターのみに精通した、人間の苦悩や心の悩みに関心を持たぬような教師ばかりでは、砂上の楼閣のような人生観構築を勧めているようであり、人間不在の社会認識とも言え、人生には深い愛情をもって人々に接することが大切であることを教師自らが身をもって知っている必要があろう。

重罪を犯した人は死刑となる。死刑制度がある国家のルールは、レッドカードである死刑を決めて勧善懲悪、善を勧め悪を懲らしめている。

仏教でいう七仏通戒偈の初句「諸悪莫作　衆善奉行　自浄其意　是諸仏教」諸々の悪をなすことなく諸々の善をなして心を清くせよ。これが諸仏の教えである。東アジア諸国の仏教徒にはあまねく知られている偈句であろう。日本仏教では僧伽《そうぎゃ》(saṃgha)にて不殺生を唱え死刑廃止を訴える人たちもいる。

なぜ殺人はいけないのか、根本の問いは絶えず存在する。

国が舵取りを間違い、大量の戦死者を出す戦争を行って、尊い命が失われた史実も存在する。

なぜ戦争という殺人をしなければならないのか。

戦地での兵士は、殺さなければ殺される。戦争での殺人は基本的に罪に問えない。国家の政治的行為である戦争では殺人が公認され許されている。

人を殺すことは、人間の存在を根本から脅かす行為で、当然許されるはずがない。だが、人を殺しうる人間がいくらそう説いても、説得力はない。だから人類は、神や仏など宗教的な存在への信仰にて、殺すなかれ、と不殺生を大切な価値観として人の道を説く。

今や我々日本人は、大切な心、倫理を失いつつあるのではないか。原因として大きいのは、戦後の教育改革である。政教分離の名の下に日本人独自の宗教心を視野の外に置いたことにある。教育基本法に「宗教教育」の項がかろうじて残され、社会科の教科書に仏陀やイエスの名前は出てくるものの、その教えの内容や、何千年も生き残ってきた仏教の人々救済の叡智や歴史的意味は教えられていない。

「人を殺すな」という代わりに「命を大切にしよう」と教育現場や日常会話で語られるが、「殺人をしてはならない」と、不殺生思想を絶対的な天の声として発せられ初めて秩序を維持できるのではなかろうか。その自信をもった説得が大切である。

最近は死生学、デスエデュケーションという学問も見られるようになった。日本の教育には、取り上げるべき「死」が組み込まれておらず、死とは何かを教えない生の教育ほど弱いものはないであろう。この根本的な問題をないがしろにしたまま、今、道徳を教科にしても、効果は薄いであろう。「死」の教えなどと聞くと戦前の国家神道を思い出し、宗教と勘違いする人もいるであろう。

廃仏毀釈、国家神道、第二次世界大戦敗戦と、国は舵取りを間違え、三〇〇万人といわれる多くの戦争犠牲者、尊い命を犠牲にして、戦後七〇年を迎える今日も尚、傷痕は残存する。

今を生きる子どもたちにとって、生と死のリアリティを感じ取るのは本当に難しいのであろう。生や死に対するリアルな感覚の希薄な現代社会である。

今あらためて、子どもたちがかけがえのない「生」を実感し、自分の命も相手の命も大切にすることを学ぶ教育の充実が求められている。

長崎県教委は〇四年の事件を受け、子どもたちの死生観について約三六〇〇人を対象に調査した。「死んだ人は生き返る」と答えた児童生徒は一五・四％に上り、「死のイメージの希薄さ」が浮き彫りになった。

文部科学省は命を尊重する教育の全国的な普及に取り組み、学校現場では道徳、保健体育、総合的な学習の時間などで、精神科医ら外部講師の協力も得て進められている県もあるが、コアは救命蘇生日本一を目指す市町村の救命教育実践にあろう。小中高の命の尊厳教育によって大切な生命倫理が身につくに違いない。

ツイッター、フェイスブックなど間接コミュニケーションツールの多様化が進む現代、生身の人間関係はますます希薄になり、子どもから死が遠ざけられ、豊かなイメージを持つことが困難になっている。

今、子どもたち一人一人の心に、いかに命の大切さを届けるか。学校現場のみならず、社会全体の課題問題であろう。

人を救う人を育てることが大切であることは言うまでもないことである。

長崎県佐世保市で同級生を殺害したとして殺人容疑で逮捕された高校一年の女子生徒（一六）が事件の三日前、法律家である父親と再婚した新しい母親に「人を殺したい」という趣旨の話をし、両親が事件前日に精神科に入院を頼んだが実現しなかったことを、父親が弁護士を通じて明らかにしている。

弁護士によると、七月二三日、女子生徒は通院中の精神科に母親と向かう途中、ネコを殺すのが楽しいという趣旨の話をした後、真剣な様子で「人を殺したい」と打ち明けたという。

弁護士は、精神科とのやりとりを父親がまとめた書面を公表、七月二三日の診療で母親が医師に女子生徒の殺人願望を伝えたが、医師は「今日は時間がない」と言って診療を終えたとした。また事件前日に両親が精神科に行き、「ここの病院か別の病院に入院するという措置は取れないか」と頼んだが、実現しなかったという。

事件の約二〇日前には、医師が両親に警察への相談も打診したが、事件前日の話し合いで児童相談窓口に連絡をとることで意見がまとまったという。父親は児童相談窓口がある佐世保こども・女性・障害者支援センターに電話したが、勤務時間外で職員不在のため相談できなかった。結果殺人事件が起きた。改善の余地はないのであろうか。尊い命が失われた現代社会の悲話である。

第三項　人命救助の価値とその思想

人命軽視現代社会への警告改善

アヒンサー思想の採択高揚を

戦後七〇年、経済を柱に我が国は世界で稀に見る戦後復興を成し遂げた。あの戦争の焼け跡を思う時、今日の繁栄と豊かさは有り難き仕合わせと言える。戦争犠牲者や汗水を流した先達たちへの感謝の思いをもって生きることに間違いはない。

豊かな何一つ不自由のない成熟社会にあって、近頃少々気になることがある。一言で言うと物質偏重、生命軽視の歪んだ病理社会の到来であり、資本主義経済発展の影で人としての大切なことが忘れられかけている今日の社会情勢についてである。

最近、隣の中核都市で起きた青少年による殺人事件、高校の同級生の女性が、金銭の賃借のトラブルが原因で男友達に殺人を依頼し、暴行の末の生き埋め殺人事件を起こした。生命への畏敬、かけがえのない命の大切さが忘れられ、残虐な殺害行為に及んだ青少年犯罪である。

下級生の少年を夜間河原に呼び出し、いじめ殺害した事件が起き、青少年にまで及ぶ残虐な殺人事件が連日テレビで放映されて話題になり、愕然とした。人の命の大切さすら忘れかけているこの国の次世代の若者たちは大丈夫であろうか。心配である。

船橋の歴史ある高校の教師が生徒にグラウンドの隅に穴を掘らせ、生まれたばかりの子猫数匹を生きたまま土をかけて埋めてしまい、不謹慎であると社会批判をされた。生き物への愛情が人への思いやりにつながり、やさしい人物に育つのに、たかが子猫、されど子猫、教育者の質の問題に唖然とした事件である。

物と生命ある生き物、人間との存在の区別がつかず、生きる権利（生存権）や人権、人々への思いやりの心を喪失した狼藉の人間が街を歩く二一世紀社会は、背景に経済合理性や物質偏重、生命軽視の思想がはびこり、大切なものが忘れられた病理社会となってはいないか。経済一辺倒社会の改善、価値転換が今求められているように思える。

およそ尊いものはたくさんある。その中で「命を大切」に考える。この生命畏敬の思想の蘇りが今、現代社会に求められているのではなかろうか。

ロマン主義や情緒主義を退け経済合理主義を唱える若い人たちは、経済的利益の獲得を最大の価値観として最小の労力で、言ってみれば楽をして最大の利益を得ようとする利潤追求を第一義とする考え方のようにも思える。資本主義経済の「経世済民」、その「済民」の心を忘れてはいないか。

貨幣も豊かな生活には必要不可欠な大切なものであることに違いないであろう。しかし日本人は、経済動物（エコノミックアニマル）ではない。生命を大切にする思いやりの心のある命を大切にする、心ある国民である。

陥りがちな経済一辺倒や物質偏重社会の情勢に対し、命を尊ぶ社会に価値転換・改善を願う心ある民であるはずである。歴史ある仏教文化や平和の大切さを知る、生命の大切さを実感している心ある民であるはずである。

筆者の運営する学園（国際医療福祉専門学校）では、脱・物質偏重、脱・生命軽視社会をめざし、生命の畏敬を最大の価値とする社会への改善を求めている。そこで学生たちは人命の大切さを理解し、救命蘇生術を学ぶ。救命蘇生技術伝授の教育は、青少年の殺人事件や犯罪をなくすための社会改善のための「生命畏敬教育道」でもある。また学園のある千葉市では、政策として街全体で救命日本一を目指している。人命救助の思想も育つと考えられる。

現代社会に大きな響きを持ってほしいが、顧みられないアヒンサー（ahiṃsā）の思想、その存在があろう。

アヒンサーとは、生き物を殺すなかれ、命あるものをことさら殺してはならない、特に人間同士は決して殺し合ってはならないという、生命を愛護し育成する積極的な意味を持つ仏教の物の考え方、生活実践道である。不殺、人殺、殺したり人をして殺させたりしないことであり、昔は不殺生戒は禁戒の第一として仁慈の心を以て生きとし生けるものを救うことの大切さを諭した。

人を平気で殺す人がいる。現代に生きる人々に生命のあるのは人間だけではない、草木や美しい花にもすべての生き物にはいのちがある。人々は樹木の恩恵も受けている。海の幸、山の幸という恩恵も受けていることを認識してもらいたいと思う。

なぜ人を殺してはいけないのと尋ねる人のいる現代社会の風潮は、狂っているとしか言いようがない。このような末世を思わせる現代社会にあっても命の尊さを認知し、人命救助を目指す若者たちもいることも忘れてほしくない。

プレホスピタルケアの実践者、救命蘇生、一人でも多くの人が救われることを願い、人々のために人生を捧げる救急救命士を目指す人たちのことである。

救急救命というアイデンティティを持つ人たちが社会に対して救命教育を実施することによって、人は生命の尊厳に目覚めるに違いない。犯罪は減少に向かうに違いない。救命教育センターの設置を提言するものである。

親鸞は鎌倉時代にあって、末法の時代が到来している。教えはあっても実践と証果がなく戒そのものが失われている。持戒、破戒を問題とする社会生活ではなく、無戒の末世であり、無戒の人々、我らこそが末世にあっては本願の正客であり救われるべき正機であると、無戒の比丘、在家者の存在凡夫往生を説いた。

戒はしばしば行うことによる習慣づけを意味し、釈尊が仏教徒に対し他の宗教、外道の非行を戒められたのに始まる。

戒（sīla）と律（vinaya）、戒は在家・出家を問わず仏教徒がそれぞれ守るべきものであり、自発的なものである。処罰規定は伴わない。それに対し律は、修行僧である比丘、比丘尼が非違を犯したその都度これを制する処罰規定を定めた出家教団の規律である。

仏教徒は仏・法・僧に帰依する三帰依を根本とするが、釈尊の時代、在家の信者は五戒、見習いの出家者は十戒、完全なる出家者は具足戒を保持することを課題に与えた。

五戒とは㈠不殺生（生き物を殺さない）㈡不偸盗（盗みをしない）㈢不邪淫（淫欲にふけらない）㈣不妄語（嘘を言わない）㈤不飲酒（酒を飲まない）してはならない五つの戒、在家のための五種の戒である。行いを慎むための戒めである。道徳とも言えよう。修行、仏教入門に当たり自らに課する戒めであり、悪い行いをせぬという誓いであろう。繰り返ししっかりと身につけることが要求される。

十戒は、仏道修行上守らねばならない十の規律、十種類の戒めである。十善戒ともいわれ、五戒に加えての㈥不塗飾香鬘《ふずしきこうまん》（装身具や香等を身につけない）㈦不歌舞観聴《ふかぶかんちょう》（歌や踊りを見聞きしない）　㈧不坐高広牀《ふざこうこうしょう》（広く高い寝台に寝ない）　㈨不非時食《ふひじじき》（正午以後食事をしない）　㈩不蓄金銀宝《ふちくこんごんほう》（金銀財宝を貯えない）である。

『梵網経』に説く重十戒は、大乗教団から追放罪を構成する重罪として㈠生物を殺す　㈡盗む　㈢姦淫する　㈣嘘を言う　㈤酒を売る　㈥在家出家の菩薩、比丘、比丘尼の重過を説く　㈦自己をたたえ他をそしる　㈧施しをするのを惜しむ　㈨怒って他人の謝罪を許さない　㈩仏・法・僧の三宝をそしる　を戒めている。

具足戒は、具足（欠けるところなく完全に具える、完成している）を意味し、涅槃に近づくこと、教団で定められた完全円満なものを意味し、比丘は二五六、比丘尼は三四六戒を数えた。

鎌倉時代に生きた親鸞は、五つの戒と十善戒、即ち戒律を守ることのできない末世の人々を、「無戒のわれら」と、自らを含めて懺悔道として告白している。

身につけ保持したいが、時は末世、戒律を何一つとして行えない情けない無戒の者である。このような救われ難いわれら凡愚を憐れんで、阿弥陀仏は摂取したもう、と念仏成仏道を説いた。

繰り返すが五戒は在家の信者が守るべき五つの戒めである。㈠生き物を殺さないこと　㈡盗みをしないこと　㈢男女の間を乱さないこと、性の乱れである。妻以外の女、夫以外の男と交わらないこと　㈣嘘をつかないこと　㈤酒を飲まないことである。五戒ですら何一つとして守ることができぬ破戒者である。仏の定めた戒を破る破戒人である。しかも戒律を破りながら心に恥じない無慚《むざん》の者である。行いは無戒であると、親鸞は愚かな人間、凡愚であると正直に告白をした。

近頃毎日のように報じられる殺人事件は、残虐になり、猛獣化し、刑務所が満室になるような殺人者がはびこる悲しむべき現代社会の姿もあろう。狩猟、漁労《ぎょろう》等を生業とする人々を殺生人として人非人《にんぴにん》扱いをし、地極の業因を結ぶとの差別は「僧尼令《そうにりょう》」の時代のことであり、差別はよろしくないであろう。ドジョウやウナギ等食用にする魚類を川や池に放す放生《ほうじょう》は、生き物を殺すことを禁じる。

仏教の慈悲の精神により、鳥・獣・魚等狩猟、殺生を禁じる殺生禁断は、私たちの生命をはぐくむ生き物の恩恵には感謝しつつ、むやみやたらに生き物を捕獲、殺生することを戒めている。

特に人を殺す殺生は非道な許されざる行為である。仏教は愛情を他に及ぼし慈しむ、思いやる博愛、慈愛は仁とも言われ他者への思いやり、仁愛の大切さを諭している。

性善説では通らないのが現代人である。仏教入門によって身につけること、そのご利益を説く五戒、不殺生、殺人禁止の戒律について認識し、改めて生命の畏敬重視の人命救助の思想と価値、アヒンサー、不殺生を高揚したいと願っている。

第四項　育てれば育つ人間その教育

教育とは何ぞや

誰もが知る「教育」という二文字は、文字通り「教え育てること」、人に知能や技術を教えて人間としての人格的基礎を伝授する働きかけであることは既に述べたが、教育を行う教員は、伝えるべき大切な智慧や技能、心を身につけていてこそ初めて人に以心伝心、伝授することができるであろう。

今、私が人を救いたいという大切な人命救助の心に目覚めても、私一人の力には限りがある。しかしながらこの身につけた知識や技術を心ある人に伝授し、伝えられた人が人命救助の道を歩んでくれるならば歳月と共に百人、千人とふくれあがり、大切な救命の心は人々に受け継がれ、教育を通して大勢の人を救う力となるであろう。人を育てるという教育道は、人が育つことによって初心が時間空間を超えて受け継がれて実践力となっていく。ここに教育道の摩訶不思議な力がある。教育道とはすばらしい叡智伝授の道であり、そこには願いがあり、そして開花・結実の喜びがあろう。

寺院の社会的役割

日本の仏教は、今日、お葬式仏教といわれて久しい。昔は寺院は広大な荘園をもち、寺院経済を支えていた。しかし仏教寺院は、お葬式仏教に追いやられ、命終の時にお寺に依頼するという現代仏教に変貌を遂げた。お葬式は、誰もが避けて通れぬ人生の終焉であり、命の尊さを知る意味のある瞬間である。皆、生きられる時間は決まっている。お葬式のみを本業とするならばお葬式の時にお世話になる葬儀社と寺院は同じになる。寺院は何か寺院としての社会的役割があるに違いない。

寺院の本来の役割、寺院らしさとは何か。お葬式仏教という批判を聞きつつ、寺院の姿はどうあるべきか考察する機会にも恵まれた。筆者はお寺のイメージを四天王寺に求めた。聖徳太子は四天王寺に社会救済事業として四つの機関（四箇院）を設立した。

一、施薬院……薬草を栽培して薬を人々に施す
二、療病院……病院
三、悲田院……貧窮孤独な人を止宿させる
四、敬田院《きょうでんいん》……修養する場所、本堂
お寺は法事・葬儀のみならず、生きている人のための救済施設であった。感激した。生きている人々にお役立ちすることがお寺の存在意義ではないか。聖徳太子の四箇院、寺院の機能を寺院の姿と受け止め、私共の阿弥陀寺もあるべき現代寺院の姿、形態を願った。
一、本堂　礼拝施設
二、教育道　幼稚園、保育園、専門学校、大学等の教育事業
三、敬老事業　社会福祉法人特別養護老人ホーム　介護老人保健施設　ケアハウス（経費老人ホーム）　グループホーム　デイサービスセンター　精神障害者社会復帰施設元気村　通所デイサービス　医療法人介護老人保健施設　有料老人ホーム健常型・介護型
四、霊苑事業　墓苑及び室内御納骨堂等々、魂の安置処である。
現代社会に四天王寺の四箇院の思想は生きている。人の役に立つ寺院の社会的役割を実

践することの大切さを悟った。教育道では救命蘇生を行う救急救命士の育成、リハビリテーションの専門家、理学療法士・作業療法士の育成、介護福祉士の育成、心ある人材育成、地域社会への貢献も課題に加えた。職業選択は自由であるが、その選択が大切な時代である。一味違う特色ある寺院の姿、思想と実践、社会的役割を模索したのであった。

学園の思想

一、命尊し生命への畏敬

建学の精神である命の尊さは、誰もが感じている人間存在の第一義であろう。救急救命、人命救助活動に賛同する人は大勢社会で活躍し、後に続く若い人も多い。人は物ではなく命ある大切な生命体、生き者、生存者である。この世に尊いものはたくさんあるが、この命より大切なものは無いであろう。地球より重い命と語られるが何よりも大切な命、その生命への畏敬である。なぜか殺人を犯す人もいる。人命救助に生涯を奉げる人もいる。人間の質はどうしてこれ程差異があるのであろうか。

生命への畏敬を学園の第一信条とした。

二、生きる意味の発見

人生は生きるに値するか。

第二次世界大戦の時、ヒットラーはユダヤ人の大量虐殺を行った。ヒットラーはなぜか頭の良いユダヤ人を嫌った。多くのユダヤ人をガス室に閉じ込めて殺害した。フランクルは、第二次世界大戦中にナチスによってアウシュビッツの強制収容所にとらえられて九死に一生を得た。著書『夜と霧』でその苛酷な体験を語っている。人生をどうでも良いと考えた多くのユダヤ人たちは、ガス室に入る前に死んでしまった。フランクルはガス室を前に「生きる意味」を模索した。

自分が生きる意味は一体何なのであろうか。フランクルは生きる意味について「人の為に生きることである」とその意義を語る。人は人のために役立ち生きるところに生きる意味がある。

「忘我利他」我を忘れ人々の幸福を願うこと、利己主義は自分一人だけの利益を計る自己中心主義である。主我主義とも言われる。自分だけよければ良いというエゴイズムではなく、人のために生きる利他主義にフランクルは生きる意味を発見したのである。

三、アイデンティティの発見形成

自分の行う人生哲学の課題、生き甲斐が発見できたら大切な哲学私観として「初心を忘れぬこと」である。「初心忘るべからず」という人生訓は、念願成就には初心が大切であることを諭す。初志貫徹といわれるが、初心を貫くこと、不退転の決意でやり遂げる精神力が重要である。精神一到何事か成らざらん。信念のある、希望に生き、物事をやり遂げる精神力が人生には大切であろう。

四、夢叶う学園

誰の人生にも夢や希望があろう。若き日、人は自分の生き方を発見し、その形成構想に日々を傾注し、夢をふくらます。

アイデンティティ未発見の人は、夢なき人生行路を無意義に進み、一生を無意味に暮らす可能性が大であろう。無気力人間、部屋に閉じ籠る人も誕生する二一世紀現代社会である。心病む人も多い。その意味で自分の行いたいこと、夢の発見は人生行路の思春期の重要な課題ともいえるであろう。

夢を発見し、アイデンティティ形成のために学びの学園に訪れる学生たち、その「夢を叶える学園」という学校の姿は建学の精神、学園の思想として大切なことと言えるであろう。

学生からは「夢の叶う学園」、学校側からは「夢を叶える学園」として、それぞれの夢の実現に充分に応えられる教員及び学園の教育力は学園継続の「生命力」であり、大切にしなければならぬ教育の心と言えるであろう。換言すると、学生主体の学園、学生本位の学園、学生ありてこそ在立する学園とはそのことを意味している。

学生がよく理解できる授業を行う教師の自覚、教育力、教育技術、学生の熟達度の把握も重要であることは言う迄もないことである。夢叶う学園には背景に「努力が最大の味方である」という念願成就の因果律、因果応報の思想がある。

努力は裏切らない。一心不乱に努力したその日々が、夢実現の基本を形成するであろう。怠けることも可能だが自業自得、必ずその結果がわが身にはねかえってくる。努力は最大の味方である。努力こそは裏切らない。このことを十分心得ねばならないであろう。

夢なき人生は決して望ましい生き方とは言えない。一願建立の夢の発見、その形成、即ち「アイデンティティの形成」が生きる意味を与えるであろう。夢多き希望をもって生きる人生行路が大切である。

五、一芸に秀でる人生行路を

人生百般、夢もいろいろとあろう。何事にも万能な人もいる。何をやってもよくできる。このような器用な人が周辺にいると実に助かり、便利である。しかし万能な人は稀であり、誰にも負けぬ特技をもつこと、研ぐことが常道であろう。一芸に秀でることが大切であろう。あれもこれもではなく、何でも屋ではない優れた専門性、「このことであったらこの私にお任せ下さい」といえること、一芸に秀でる輝き、光り輝く道を磨き貫く事が大切であろう。

六、知恩報恩の心

お世話になった人に「ありがとう」と言う感謝の心、今日まで育ててくれた方々への御恩を忘れぬ報恩の心が人の道として大切である。家畜や犬猫、あらゆる動物にも愛情は通ずるものだが、トラやライオン、ワニ等は人間を襲い、食べてしまうこともある。弱肉強食である。知恩報恩の心は、人間と他の生きもの、畜生、猛獣とを区別する決定的な事柄と言える。お世話になった人に有難うと言える人、ここに大切な心ある人の道が展開されるであろう。

狼に育てられたインドの子どもアマラ、カマラのお話は、よく御存知と思う。少年の姿は母によって誕生した人間そのものであるが、狼にくわえられて森の中に連れて行かれ狼に育てられた。食事は犬同様の食べ方、四つ足歩行、夜は遠吠え、人間の言葉はしゃべれない。

人は父母の養育の御恩の中で、人としての人格、人間性をもった心ある人として育ち、父母、祖父母のみならず、実に大勢の人にお世話になり、成長を遂げ一人前になる。ありがとうと何度御礼を言っても、言いすぎということは無いであろう。

お世話になった人に「ありがとう」の一言も言えず、自己主張に終始する人がいるならば、忘恩の心無き人と評価されるであろう。そのように祖父母、父母、お世話になった人に感謝報恩の心を身につけることは、人として大切な事柄であろう。

人間の尊厳も語られるが、人間顔を装った獣も存在する。人間の顔形はしているが、心は獣と一緒である。人の道にはずれた言動を行う者をののしって、「人面獣心《じんめんじゅうしん》の人」

と言うが、知・情・意、とくに情において人間味あふれる人柄、ヒューマニティが望まれるであろう。

人間顔をした狼藉の人が巷で通行人を襲い、事件を起こす。人面獣心の人が歩く、怖い二一世紀現代社会である。感謝報恩の心ある人の育成が大切であろう。

七、画一教育を捨て、個性輝く教育を

画一教育ではなく、個性輝く創造性のある教育理念による教育道を実践すべきである。質や内容を考えず、一様にする画一教育を人は望むものである。現代社会に見られる型に嵌《は》める大量生産の教育は、教育者にとっては楽であろうが、望ましいことではない。

「保育要項」や「幼稚園五領域」に基づく子育てにしても、画一教育にて型に嵌めこみ小学校へ送りこむ保育や教育が行われがちで、決められた型、既製品にする型通りの特色や創意工夫、個性の見られない、つきなみな人間教育は望ましくないと言えるであろう。

人は千差万別、十人十色である。青色は青い光を放ち、白光は白い光を放ち、それ

ぞれ輝き個性をもって光放ち生きている。

何かをはじめてつくる、新しくつくり出す、創造性のある画一でない個性輝く教育、人格形成こそが大切であり、画一教育観は教育者としては、改めるべき誤謬であると考える。一人一人の子どもの個性耀《かがや》く教育道が望まれるであろう。

八、国際的視野を身につけたグローバルなコミュニケーションスタディ教育を

二〇二〇年東京オリンピック開催決定の喜びの中、レストランも美容室も外国人の来訪者のおもてなしの準備、英会話を身につける必要性、その学習が始まっている。消防署においても英語の話せる救急救命士枠の募集があり、企業においてもトーフル（TOEFL）七五〇点以上の英語力のある人を採用する傾向も見られる。海外に支店のあるグローバル企業の任務には出張もあり、英語力のある国際性豊かな人材を歓迎する状況にある。

今や日本社会は変化を求められている。国際社会の中の日本という位置づけでグローバルな教養、コミュニケーション能力が求められている。二一世紀はグローバル化という課題に面しているとも言える。

海外との交換留学制度や東南アジアに救命蘇生技術や医療技術を伝授する取り組み、そのリーダーシップ展開のためには英語が必須となり、日本語教室を設置するのにも英語によるコミュニケーション能力が必要となる状況にある。

少子化で定員割れする学園に五〇％まで日本が大好きな留学生が学習に訪れる。日本語を基本とする日本社会であるものの、コミュニケーションのためには語学力が欠かせない。国際対応なしで勉強もせぬマンネリ化した努力なしの教職員は、淘汰されるであろう。教員の水準、質を保つことが教育現場の課題となっている。

そのように、学園においてもグローバルスタディ、英語力が求められている。東京オリンピックを前にして、英語を話せて当たり前であることが現状となりつつあることを理解し、即対応が迫られている状況にあろう。

文科省は小中高の英語教育方針を明示し、高校では英語による授業の実施を指針として奨励している。更なる高等教育、専門教育を実践する学校においても、グローバル化は避けて通れない状況となっているであろう。

二〇一八年問題として人口減少によって大学等も半減すると指摘されている。国際友好、グローバル化が日本社会に求められており、生き残りをかけた重要な二一世紀を迎えているように思えるがいかがであろうか。

ちなみに文科省有識者は、アジアトップの英語力を国家目標としている。

グローバル化に対応した英語教育の在り方を検討する文部科学省の有識者会議は、「アジアトップクラスの英語力育成」を目標に掲げ、大学入試での評価方法を見直し、具体的な学習到達目標を定めて小学校から一貫した教育に取り組むなどとした提言書をまとめた。文科省は、中央教育審議会で授業の詳しい内容などを検討する。

提言では、高校卒業時に「聞く、話す、読む、書く」の四技能を生涯にわたって使える力を身につけるべきだと指摘し、文法や訳文に偏向しがちな教育を見直すため、四技能をきちんと測定できるトーイック（ＴＯＥＩＣ）などの外部試験を大学入試で活用するよう求めている。

現実的には医療福祉の現場などで英語を話せる救急救命士、セラピスト等医療職者の国際コミュニケーション能力の育成が求められており、筆者の「国際友好医療大学」の設置構想に及ぶ。

第五項　真理愛と求道心について

学問や教育の出発点には真理愛と求道心があろう。真理愛のない学習は概念の遊戯であり、求道心なき授業は教科書の読み聞かせに過ぎない。人間にはアクティビティ、心の糧が必要であり、魂不在の学問や教育は、「まこと」が不在であり、生活の糧取得の手段に過ぎないであろう。

教育は、若い世代に人間形成の道を目指すことを諭すものでなければならない。人間は教育によって人間そのものになり、その意味で教育学は人間学と表裏一体であろう。つまり万学の女王、哲学を基礎に持つことになろう。人間学、哲学が教育の基礎として重要になろう。

何よりも人間存在の基礎構造の理解が大切であろう。人間は我が身中心的に限りなく満足を求める存在である。言い換えれば煩悩という業火によって支えられている人間は煩悩熾盛《しじょう》、火宅無常、不安な存在者であろう。

人間生命の現実は、煩悩というローソクの火が燃えている状態同様であり、ふっと火が消えると涅槃に入り、人生の終焉が訪れる。即ち煩悩の焔が衰え、欲望が弱るならば老衰、病死という現象がおこると言ってよい。欲望を満たし生活の糧を得るために仕事をせねばならぬが、生存競争もあり身心を労すことになる。

安定した職業、人のためになる社会貢献の道を見つけ、張りをもって生涯を生きることが望ましい。

各人は青色青光、白色白光その持前を生かし独自の個性ある実存者として、その人の持前を現成する人生を歩むことになろう。晴雨順逆一貫して青色青光、白色白光各自の持ち前、特技を生かすことが活動の根本として重要となろう。実存的な独立人格者として持ち前を生かすことで人々との繫《つな》がりを持ち、人生の歓びを体験するであろう。

生きることは悩むことでもある。有限な存在としての人間生存の基本構造、独り生まれ独り死にゆく火宅無常の現実を知る時、生死度脱の道に悩む若き日々もある。求道精神による叡智探究の巡礼の旅路は、人生の根本問題の解決策として重要であろう。時として心のバランスを崩し不安になり、文明の病、ノイローゼやヒステリー等の心の病に陥り、生き抜く意味を失って絶望し自死する人もいる。自分を生かし得ず、本当に行いたいこと、アイデンティティの形成不全により空虚な人生となり憂鬱にもなる。

D・リースマンは、現代人は自分を喪失し常にお面を被って、しぶしぶ敵意を含んだ協力に終始して、持前を生かし得ずお互いに絆・繋がりを持ち得ぬ「孤独な群衆」に過ぎないと、現代人の不安定、不安、憂鬱、孤独を語る。

自分の仕事に誇りを持ち得ず「心の友」を持たぬ孤独な生活者となれば、人間は生きていく意味を見失い、人生には何も見出せない虚無主義に落ち込むに違いない。

深い空虚感、虚脱感に苛《さいな》まれ、悩み、もがき、悲しみ、寂しさを覚えるであろう。生きることは悩むことである。人間は悩むことによって一回りも二回りも大きくなり、逞しくもなる。生きる限り悩みがあり、悩むことによって成長を遂げるのである。

このことをよく理解していないと、時として生きる悩みに耐え兼ねて文明病に押しつぶされることも無きにしも非ずであろう。先人も同じように悩み、哲学的思惟、求道心によってこれを克服し、信念を持って積極的な生き方を選び、活動によって生涯努力、精進している。酒や麻薬等への逃避は陶酔、破局的態度であり、建設的な解決を見ない。

火宅無常の存在を知ってしまっても、あるがままに存在、実存する自分を引き受け、受け止め、自己を受容し、自己をかかる存在者として自覚すること、自覚存在によって、人間の本当の仮面を外した自己実現、凡愚として生きんとする意志が与えられるであろう。

自己自身の問題に取り組む根本態度に欠け歪んだ態度で取り組んだり放棄し逃避・回避する限り解決の道はない。自身の問題として真摯に取り組み、読書を通して先人の叡智に学ぶことによってその解決を得て、何ものかを生み出す主体性・積極的な実存的主体として張りをもって生きることになる。

張りこそ人間の積極的実存性である。空虚な生活は喜びに充たされた瞬間を迎え、心の本質、喜びを受けるようになるであろう。

生産的、創造的、独創的な人間は生きる喜びに充たされる。心身一如の生活の充実感を獲得し、持ち前を生かし人としての心の本体の喜び、永遠の歓喜地に住することができるであろう。仮面を身につけ心の友を持たぬ人ではなく、仮面を脱いでお互いに受容でき手を握ることができる人として愛の場も開ける。

正直になり得ぬ人間の姿、自分に対しても正直にならぬ限り、権勢欲、優越性に振り回されて己には百点をつけ自我礼讃をするのである。自惚れ、我執のかたまりが現実の自分の姿、そのこと自体を自覚せぬ無明の闇に己を偽り他を裁き仮面の顔で生きようとするのである。お互いの心のつながりもなく、無慚無愧のこの身の状態の生存である。

このような浅ましい己を自覚し、煩悩具足の凡夫、火宅の無常を出ずることなき人間性をあるがままに自覚して初めて真実の声が聞かれるのである。

親鸞聖人は、人間の悲しみの極みに号泣し、白道、真実一路の人間の生き方を過酷な時代社会に諭す。

人身受け難し。人の身を得ること、人の器を受け難きことを知る。それは仏教的な人間学の出発点の心であろう。仏法聞き難し。受け難き人身を受け、値い難き仏法、仏教、その教えに値う。人の身を得ることも稀であり、法を得ることは更に稀である。

人間は常に我が身中心を求め、我欲のかたまりである。我欲のかたまり、しこりをほぐして、持ち前を生かし初めて心の底から人生の本当の喜びに巡りあうことができる。自己中心的な妄想に終始するならば人間落第であろう。

我欲中心の生身の人間を越えて仏教信仰を仰ぎ自他の人を大切にする柔和忍辱《にゅうわにんにく》の心を持つことになろう。宗教信仰、仏教の教えはこの柔軟心そのものであろう。例え市井無名の人として生きたとしても真理を求め、法に帰し法に浸って生きる喜びがその全生活を満たすに違いない。法爾自然《ほうにじねん》の法悦の生活となる。

求道生活は真実一路の人生に究極の悦びを与えるであろう。それは仏教の教えを聞くことにおいて可能であろう。人間の根源的な生き方を諭すであろう。人々を真実に生きる喜びに導く仏教求道と言えるだろう。

道すでにあり　旅人のわれらこの白道を行く

人間に生まれて命を頂いた私たちには、何か人として活きる目的があるように思えてならない。ただ呼吸をし食事をして漠然と無目的に暮らすそれも人生であろうが、何か目的があって生きているように思える。

この肉体の定められたる生存期間は、衣食住によって持続され生命を保つ。日々思いを持って努力するその人生は、独り生まれ独り死にゆく「独生独死」という宿命にある。やがて死を迎える。いわば死んでいく人生の旅路である。

生には畢竟《ひっきょう》する所、死なねばならぬ制約があり肉体の定めがあろう。私共にとって死ほど嫌なものはない。しかし避けて通れない事実であろう。

親鸞聖人は四歳のときに父を亡くし、七歳のとき母が往生の素懐を遂げ、諸行無常の人生の原体験が心に映じられたと言う。

「生死いづべき道」を求めて九歳で師慈円のもと青蓮院で出家し、以来二〇年間比叡山で官僧として研鑽の日々を送った。

生死は表裏一体である。人間の存在は強固に見えるけれども、ひとたび無常の風にあいぬれば仏骨となれる身、空無の存在、もろい生命である。真実の生命の自覚、生老病死の人生に覚醒して、旅人は求道精進の巡礼、西方浄土の願生の旅を志す。自己の真実の生命、生き方の問題にめざめ、肉体の生命の内省、永遠の生命の発見に出会う。

浄土に往生して無量寿の覚証を開くことにおいて、静かに内観して心の世界に立ち戻る。永遠の生命に生きる心の糧のあることが知らされ、静かに内観して肉体ではない心の世界に立ち戻る。

私共は常に本能満足の生活に没頭している。お互いに日常多忙であると口癖のように喘ぎつつ朝から晩まで年がら年中、生きんがための止むなき努力に走り回っている。

生きんとする肉体存続の生命欲、それは肉体より起こる本能、五欲に駆使されている姿であろう。

或いは財産に、或いは名誉に、或いは妻子に、そうして少しでも多く本能の満足を得んと粉骨砕身、年がら年中寸暇さえも惜しみて働いている現代人の私たちの生きる日々は、五欲を増上せしむる実態であろう。本能あるがままの漂流者としての生活は、財産が出来ることが、名誉の高まることが、真に自己のためであると、幸福の源の如く盲信して喜んで五欲の奴隷ともなっている。

現実そのままの姿より一度静かに深く人間の本質に立ち返り、心の生命にめざめたとき、仏骨となる以外何ともできぬ宿命の人生行路であることに気付き、そして永劫の旅路に向かって尊い心の生命永遠に気付く。

現代人の私たちは、無自覚な生活者として奮闘努力、名利競争の生活である。

生まれてから死ぬまで貪欲《とんよく》と瞋恚《しんに》の煩悩生活以外の何物でもない。それが私たちの存在、生活であることを反省する。心、精神生活こそが真実の生活であることに気付き、心身一如の存在者の心の問題を自覚してみれば、今までの愚かな自分の生活は肉体欲求の満足にのみ営々としていたことに覚醒し、旅人は真実の生きる道、浄土願生を求め求道精進する人となる。

願力が呼び声となり、釈迦弥陀二尊《しゃかみだにそん》の呼び声、その呼び声の中に白道を見、遣喚《けんかん》の声に旅人は如来の救済力、本願力《ほんがんりき》を信知し、弥陀の浄土に向かって白道を進み始める。

世の中には無信仰の人も多いが、心なき人々は時として信教の自由、宗教活動を妨害し弾圧に及ぶ。信仰は人生には不可欠であるのに無反省、無内観、無自覚の唯物論者は不完全な現象に執われ、海の底を見ぬ邪見と憍慢《きょうまん》の真摯に内省することのない救いがたい悪業から悪業の憐れなる姿、歪曲の人生、出離の縁なき漂流人生をさまようことになる。ほんの少しの罪悪の自覚もない。進めずかえり得ず、また止まり得ずという三定死《さんじょうし》の行き詰りに泣かねばならぬであろうが、徒《いたずら》に自力の計度《けたく》をし、その誤謬《ごびゅう》に気付かない。決定してこの道を尋ねよ。願力回向《がんりきえこう》の白道にて求道者の旅人は、初めて如実に法義を聴聞することを得るであろう。

人生には宿善開発《しゅくぜんかいほつ》の時があるが、如来は初際から呼び続け、呼び給うてあるも宿善純熟《しゅくぜんじゅんじゅく》せざるがゆえに如実に聞くことができず、不如実の聞損、聞かざる、聞きながら聞こえざる無救済の状態にある。親様《おやさま》である如来は、呼び続け願力は呼び続けている。釈迦弥陀二尊の呼び声に遇うことができ、旅人は信順仏語《しんじゅんぶつご》、計度を離れ、たちまちに聞信し、本願《ほんがん》成就《じょうじゅ》の光寿覚体《こうじゅかくたい》に帰命《きみょう》することができるのである。

一心一向に一切の計らいを離れ、自己の計らいが尽き果てて、願力が自然のままが働く。一心に直ちに進みて道を念じつつ行くことのできる信心決定の人となろう。

宿善開発して釈迦弥陀二尊の発遣招喚《ほっけんしょうかん》を聞き、如実の信心に基づき白道上の人となる。

蓮如上人は「おたすけをたのめ」と教示され、信順仏語の行人の得る利益《りやく》を明確にされている。人は信仰心によって人生の解決を獲得し、究極の歓び、感謝の心を得るであろう。その大切なことは若い時に気付かないことかも知れない。酔生夢死《すいせいむし》の人においては一生気付かずに生涯を終えるかもしれない。

菩提心　冥福を祈る心

私たちの「精神生活」にとって大切なのは菩提心であろう。菩提を弔う、冥福を祈る心こそは仏教修行の出発点であると言われる。六親眷族《ろくしんけんぞく》や友人、東日本大震災の慰霊等々、菩提を弔う、冥福を祈る心が仏教の出発点、初発心《しょほっしん》となる。

養育のご恩のある父母、祖父祖母に感謝の意を表す謝徳の心、仏恩を報ずる法要、盆、彼岸の仏事等々は悟りの智慧の獲得、悟道につながる大切な心を育てるご縁となるであろう。

聖徳太子は菩提心の訳語として「直心《じきしん》」を用いている。純一で混じりけがない清らかな素直な心、なおき心という意味である。大乗仏教では「大乗の道心」と言い、悟りを求めて世の人びとを救おうとする心、自分が救われるよりもまず他の人を救おうという願いの菩提心であると利他行を強調した。

私たちのよく知る「菩提寺」は、徳川の菩提寺等と言われるように、一家が先祖代々帰依し葬儀や仏供養を営んで亡き仏を偲ぶ代々仏事供養を頼むお寺であり、寺院のお墓、納骨仏壇や合祀墓、散骨や樹木葬等を希望する人も希にいて、菩提所も多様化している。ピラミッド、スフィンクス、仁徳天皇陵、明治天皇陵、日光の東照宮、藤原三代の中尊寺金色堂等、魂を祀る歴史的な廟では今日も仏たちの菩提が弔われている。昔の人は生存の証《あかし》、存在の大きな輝きを墓処に求めた。

願生心《がんしょうしん》は菩提心を縁として生起するものであろう。仏道を求める心であり、覚行《かくぎょう》を成満《じょうまん》せんとする勇猛精進の志である菩提心は、何人によっても発起されねばならぬものであろう。

親鸞聖人は浄土の大菩提心は信心である、煩悩にまなこを障えられ、摂取《せっしゅ》の光明を見ることあたわずといえども、大悲《だいひ》常に我身を照らしたもうところに我等もまた、仏の導き摂取《せっしゅ》の中に在ることができることの慶喜《きょうき》をその著『浄土文類聚鈔《じょうどもんるいじゅしょう》』巻末の菩提心論に宗教的信仰として告白している。

わたくしたちは世間の色々な出来事、日々の生活に追い回されて大切な自己存在そのものに気付かない。酔生夢死の人生行路を進む。私が存在し生き続けるとはどういうことなのか。ふと自己自身の存在を思うことがある。

人の心を豊かにし、人生を幸福にするということは独り芸術家のみの役割でなく、哲学の仕事であり信仰心を促す宗教者の目指すところであろう。

私たちが日々を充実して心豊かに生きるにはどうしたらいいのか。私たちの問いはここから始まる。

ニーチェは「神は死んだ」、生きることは無意味であるとニヒリズムの哲学を語った。真理や道徳的価値の客観的根拠を認めない虚無主義は、伝統的な既成の秩序や価値を否定し「生存は無意味である」とする態度である。

アルベール・カミュは、人生は生きるに値するかどうかの哲学的思惟が人間存在の最大の課題であると語るが、虚無の「虚しさ」がある限り、決して人は本当に心から豊かであることはできないであろう。

この虚しさは人間存在の根底にある無常観にあろう。厭世観《えいせいかん》では解決されないであろうこの無常観を克服する道を教えることこそ仏教本来の道であろう。

何より大切な私たちの人生、一度きりの二度と来ることのない人生――。先達《せんだつ》は生死度《しょうじど》脱《だつ》の道に悩んでその解決を求めた。

自身は現にこれ罪悪生死、煩悩具足の凡夫である。この身このままのわたくしの存在は、無明《むみょう》であり煩悩が激しい。真理に暗い。根源には無明煩悩がある。それは人間存在の底知れぬ深みにあたかも溶岩の如く、よどんでいる暗雲である。これあるがゆえに永遠にこの迷いの世界を逃れ出ることができない。そのような存在、それが自己の実態なのである。底知れぬ無明煩悩の存在、凡夫である。この事実、その真実を知る必要があろう。

煩悩の塊の凡夫、衆生《しゅじょう》（人々）が回心《えしん》（conversion）により主我性の根が断ち切られ即得往生、往生が決まるという宗教体験を「横超断四流《おうちょうだんしる》」と親鸞聖人は語る。信心を得たらその時即大乗正定聚《だいじょうしょうじょうじゅ》の数に入る。菩薩にして浄土に往生することが決まり、この世で正定聚の位につくことができると「現生正定聚《げんしょうしょうじょうじゅ》」の思想をその著『教行信証《きょうぎょうしんしょう》』の証巻の初めに語る。宗教的領域、実存なしで存在の根本的解決はないと「願海に入りて深く仏恩を知れり」（深い願力につつみこまれて深く仏の御恩を感じている）と救いの手を感じている。

親様、本願力に促され、育てられてお導き頂いて今日のあることに気付く私達の存在を、あらしめている絶対的な力、私を成立せしめている基盤、厳粛なる生命の事実に目醒める。

生老病死、罪悪生死、出離《しゅつり》の縁あることなき凡夫、それが今ここに存在する私の姿である。主我性ではなく自然の法則、摂理、因果律が常に働いている。

煩悩熾盛《しじょう》、罪悪生死、出離の縁なき自己が弥陀の摂取不捨《せっしゅふしゃ》の誓願《せいがん》のゆえに大悲の力により救済されて往生必定の自己になる。このような逆説の救済観は、信仰の世界においてのみ明らかに見ることができる。

親鸞聖人は著述『教行信証』の冒頭に弥陀一仏、神祇不拝の信仰を「顕真実」と強調し語っている。

「……この世の道俗ことごとく
外儀は仏教のすがたにて
内心外道に帰敬せり」

外道とは仏教以外の教えのことである。

「かなしきかなや道俗の
良時吉日えらばしめ
天神地祇をあがめつつ
卜占祭祀つとめとす」

日が良いの悪いのと、かつぐ姿は今日もよく聞くであろう。天地の鬼神を祀ってみたり、卜占などを行い除災祈禱をつとめとする。現代社会においてもよく見られる誤った信仰、誤謬である。

戦後復興を遂げた私たちの社会生活の土台は経済組織が支え制約し、政治の仕組みが私たちの日常の生活を支配している。

親鸞聖人は晩年八六歳御筆の「自然法爾《じねんほうに》章《しょう》」を明らかにし、

「自然といふは自はおのづからといふ、行者のはからひにあらず。しからしむといふことばなり。然といふはしからしむといふことは、行者のはからひにあらず。如来のちかひにてあるがゆえに。法爾といふは如来の御ちかひなるがゆへにしからしむるを法爾といふ」

そこに語られ働くものは、自然の法則のみである。

「この法の徳のゆえにしからしむるといふなり」(『末灯鈔』)

法爾とは法則そのままが働くという論理である。法に則ったものとしてはじめて成就される。御来光があり陽は沈む。この自然法爾の論理、法則そのもの、道理は不変の道理、絶対動的な原理である。

「願力自然」親鸞聖人の最後に到達した世界はこの自然法爾の世界であった。この人生は無秩序などころか、そこには自然法爾の道理が働いている。それは人生成立の根本にある法則であろう。歴史や社会におけるもろもろの法則は、この原法則の上に成り立っている。私共が知る因果律である。

親鸞聖人は人生成立の根底に自然の法則を見た。九〇歳のご生涯は、長寿に恵まれた人生であった。人生成立の根底を明らかにし、自然の道理に順じての尊いご生涯であった。「愚禿《ぐとく》」と名乗る聖人のもとには、公卿から下級の武士庶民に至るまで念仏の福音に耳を傾けてその道風を慕い集まる者が多かった。このような隆盛に対し、一二〇四（元久元）年の南都北嶺、叡山の専修念仏停止、さらに翌年、奈良興福寺の学徒は過失九カ条にて念仏者を痛撃、念仏停止を朝廷に迫り、その結果一二〇七年、念仏者断首の宣旨が下り、法然上人（七六歳）は土佐に流され、四人の門弟、西意・性願・住蓮・安楽は死罪（打ち首）、親鸞聖人は越後流罪（五年）となった。世に知られる松虫・鈴虫事件である。

親鸞聖人は『教行信証』化身土巻末に、時の権力者、主権天皇と支配者たちに不当な断罪であると決然と抵抗し、激しい怒りを論述し史実に残す。非僧非俗（僧に非ず俗に非ず）。親鸞聖人は満身の怒りを込めて禿の姓を名乗る。そのように自分の身を愚禿としたのは、時の権力者の思想弾圧に対し、念仏思想の正統性を決して譲れない唯一大切な道、いのちとして激しい抵抗を示しているのであろう。

よき師法然上人の教えと命運を共にした親鸞聖人の愚禿の二文字には、信教の自由、その弾圧に対する激しい怒りが込められ歴史上に示されていることを現代人の私たちも決して忘れてはならない。

権力者は時として思想弾圧の誤りを犯すことを、「愚禿」の二文字にて激しい怒り、抵抗、流罪の不条理への抗議として史実に残している。

科学万能社会二一世紀

科学技術全盛の二一世紀社会、ロボットも誕生し歩み始めた技術文明の現代社会は、オートメーション化が進みその威力を誇っている。科学技術を教えるのは教育の貢献に違いないであろうが、真の教育は、単なる技術ではなく心の教育が大切であろう。

トインビーは、世俗的な制度は国家にせよ、政府にせよ、言語にせよ、経済組織にせよ、宗教に比べるとすべて比較にならぬほど短命であるが、それに対して宗教くらい人間の歴史を長く動かしているものはない。つまり宗教的なるものを欠く文化、歴史、教育は時の消長と共に沈んでは消え去るつかの間の泡沫に過ぎないと語る。

宗教は阿片であると考える共産主義者は、無信仰や廃仏主義、チベットのような宗教弾圧を平気で行う。

マルクスは宗教人（homo religiosus）を理解できなかった。信仰こそ実り豊かな根源的生産性である、とゲーテの根本哲学は真理を語るが、人間のあらゆる活動を根源的に生産的ならしめる真の意味での信仰心であり母心であろう。人々を真実に生きる喜びに導くことが教育の魂であり、人間の根本問題であろう。

聖徳太子の時代の蘇我（奉仏派）と物部（廃仏派）の戦いの歴史が示す通り、奉仏派の勝利により仏教を導入し、わが国には仏教国として文化の発展を遂げた精神史の夜明けがあろう。

教育基本法第九条には「国公立の学校は特定の宗教のための宗教教育その他宗教活動をしてはならない」とあり、「宗教に関する寛容の態度及び宗教の社会生活における地位は教育上尊重しなければならない」と国公立の学校における宗教の人間形成の持つ意味を認めていない。

私学には建学の精神があり、仏教を始めとした宗教教育が認められている。豊かな宗教的情操を統治することによって、人間を根源的に動かし人間活動に究極的に魂を入れる教育の重大性が理解されているであろう。

仮面とはからいを捨て、「ありのままの人間」そのまことに生きるということ

仮面を被り裏表があり偽りのはからい、細工ばかりしている現代人。その集まりの社会は虚偽に満ち自分の本音で生きることを忘却させている。仮面を被り、赤裸の人間ありのままの人間性を隠し、疎外し、仮面を被ったうつろな現代人。

人間は仮面を取り外す必要性があろう。仮面を取り外し、自己を凝視し、人間を把握し、ありのままの自分を受け止めることから人間として真に生きる出発点が始まるであろう。仮面の告白をすべきである。

仮面を脱ぎ、はからいと構えといった自己防御態勢を捨てた飾りなき人間、その存在に直面したとき、人間は自己中心的な我執にかられ、仏の光、智慧を疑う罪深さを知るであろう。

色も形もなく心も及ばず言葉も絶えた我らの言語、思慮を超えたはかり知ることのできない光に生かされて生きている私たちを、照らし尽くしている浄土の光を悟るであろう。阿弥陀仏、浄土は無量光明土《むりょうこうみょうど》であるが、煩悩具足の救い難い私たちの面前に輝き、特に働きかけてくる。その作用的な働きの彼岸の浄土に私共が願生する肉体の死を往生と解釈しがちであるが、「不体失往生《ふたいしつおうじょう》」と言い、信仰心を得た獲得《ぎゃくとく》のところに既に往生があると浄土は現生において考えられ、浄土は既に私を照らし尽くしている。

一念の浄信というが、一念によって往生でき「ただ信心をもって求念せしむ」光明を母に喩え名号を父に喩え、光明名号をもって十方を摂化す。名号は十方に響いて我々に呼び掛ける母として私たちを育て、はぐくんで下さる。この光明、名号の働き掛け、阿弥陀如来のお慈悲の光によって信仰心が得られる。

このような信仰の論理は、私たちが仮面を脱ぎありのままの素顔を見せるとき、初めて了解できる大切な事柄、心なのであろう。

第六項　この道よりわれを生かす道なし

私学には、学園の建学の精神があり、創設の初心がある。精神なくば学園は誕生に至らず、私財を投げ出しての教育を志す者としての哲学・精神・価値観がそこになければ私学の誕生に到らぬであろう。それは、学園創設の心と言え建学の精神、教育の心であろう。

われら夢あり
大切な夢に生きる
この道よりわれを生かす道なし

そこには人を育てる教育道の願いがある。若き青春の日々、どのように生きたらよいか。苦悩の日々、人々は、アイデンティティを模索するであろう。それがために生きそれがためにならば死すことができるようなイデーを求めて思索の旅にでるであろう。人生論の根本としての哲学的叡智、解決を求めて、主体的な生き方、可能性、夢を現実化する智慧を学ぶであろう。夢希望が明白でないモラトリアム、人生の猶予期間としての思索の日々にとどまり、自らの生き方が決まらず、無気力人間であったり生甲斐を見出せない孤独な部屋に閉じ籠りがちな苦悩の日々を暮らす人もいる。青春の日々はなぜか悩みが多く苦悩の暗雲が立ち籠る。人は悩んで成長するのであろうが、つらい苦悩の日々がある。その懊悩の人生にあって希望の光が見出せればその光に向かって猛烈な人生行路を積極的に歩むことができるであろう。

一願建立の夢がある人がいる一方、夢や希望もなく暗中模索の中に人生の終焉を迎える人がいる。せっかく人身を頂き、人として生まれてもったいないことである。夢が人に生き方、道を与える。夢なくば希望は叶えられず念願成就、ダルマに目を入れる満願の人生行路もないであろう。筆者にしても寺子屋に始まった教育学園であるが、二四歳の時、一宇建立の夢を見たことに出発点があった。その意味で人生には夢が大切である。寺の住職道を夢見、僧侶になりたいと若き日に仏門をたたいた。母の父が本願寺の布教師であった血脈、伝統、DNAもあったであろう。衣一つで首都圏開教を志し、法蔵菩薩物語の如く阿弥陀仏の寺を夢に見、夢のお告げ、一宇建立を創建することになる。

寺は昔からあるもので、自分でつくるものではないと考えていたが、昭和四五年、二四歳の私は寺創建を夢見たのである。流入人口の増加する千葉県に親鸞聖人及び大好きな蓮如上人の念仏道の寺院が少なく他府県から流入した門信徒、真宗門徒の希望にそい、師の指南もあって一宇建立の初発心を心に、日夜、勇猛精進の道を邁進した。石の上にも三年、初心を忘れず夢実る人生行路に専心して、横道にそれず、船橋から千葉の県庁の際にある現在の寺院境内地に本拠地をかまえたのである。

昭和五三年春、開基八年目、寺の宗教活動の一環としてお世話になった人に「ありがとう」と言える心ある人を育てたいという教育目標をもって、阿弥陀寺立能満幼稚舎がスタートした。寺子屋としての教育学園の始まりであり、かわいい次世代をになう子どもたちの教育の森、能満幼稚舎の開園であった。近くに住む、今は亡き岐阜県出身のつり好きな篤信者が園地を紹介して下さり、お寺の市原分院の出発となった。この頃、学校法人化が国の制度として奨励され整備される中、寺の建立による未認可園による開園となった。周辺に既設の幼稚園があるにもかかわらず、初年度の幼稚舎に三十数名の地域のかわいい子どもたちの入園があった。地域の方がたが大切な幼児期の教育を私共に託して下さったのである。

桃栗三年柿八年の自然の道理を信知し、種をうえて実のなることを願った。当時、お寺の決して多くない布施収入も全てと言ってよい程つぎ込んだ。私共を信じ大切な子どもたちを預けて下さり応援をして下さったことにたいし、子どもたちへの贈りものという心で充実を心がけた。遊び場の運動場も寺に寄進して頂いた。いろいろ批判もあった。新しい幼稚舎には圧力も加わることが常であった。しかし、八年後、学校法人化になり立派な能満幼稚園新園舎が補助金も頂いて建った。「初心を忘れるべからず」という信条にて尚一層大切な地域の子どもたちの教育施設の充実運営を願った。寺子屋から始まった幼稚舎は学校としての新たな一頁、開花の幸運に恵まれたのである。

この学校法人化の実現は故勝地正（市原市議）に幼稚園の将来について御相談申し上げたことが機縁となった。「五井に昔、町長をした相川久雄先生がいる。相談してみたらいかが か」。当時県会議員自民党の幹事長御歴任の相川先生におめにかかった。当選一〇回の重鎮、大先生であった。ＩＱ（相川《アイ》久雄《キュウ》）先生は、日本大学の美学（哲学）の教授もなさっていて、この田舎の市原にもすごい先生がいらっしゃることに驚いた。ドクターコース迄大学院文学研究科の学問の道を進んだ小生となぜかフィーリングが合った。先生は幼児教育にも造詣が深かった。こんなに一生懸命教育に専念しているのにと県庁学事課にお話をして下さった。私も御一緒したがそのお力添えの有難さは今でも忘れていない。偏えに相川先生のお力添えのお蔭で公認の学校法人能満幼稚園の道が開かれたのである。

昭和五三年頃、幼保一元化の話題が既にあった。未認可園は幼稚園名が名のれないので「能満幼・保育園」を園名としていた。三十数年後の今日、平成二七年四月から幼保一元化、認定子ども園制度がスタートするが、その頃から話題があった。真面目に幼児教育に専念し全身全霊で打込んでそれで報われないはずはない。必ず努力は報われるはずだから夢を捨てずに初心を貫いてすばらしい心ある子どもたちが育つように努力してがんばろう。自らにも職員にもそう言い聞かせ自戒し八年に及ぶ未認可園の日々、よく教職員にも諭し、皆ががんばってくれたと思う。思い出すと未認可園時代、それまで頂いていた父兄への就園奨励費がある日突然、市原市から打ち切られた。能満幼稚舎通園者には不平等が生ずる。そこで寺立幼稚舎であることから阿弥陀寺にお願いして市原市に代って同額の補助を寺が行うこととした。

三年程経ったそんなある日、市原市の新しい教育長石井先生より突然の電話があった。「教育長室に来てもらいたい」との呼び出しであった。何かな？　お叱りを受けるのかと恐る恐る教育長室に伺うと、教育長石井先生から「いや宇野さん大変申し訳なかった」と深々と頭をさげられ、「即就園奨励金を出しますから許してほしい」というお話を頂いた。驚天動地であった。

「私も教育長になる前に長年小・中学校の校長も歴任したが宇野さんのように父兄に補助金迄出して熱心に教育に情熱を傾ける人に出会ったことがない。頭が下がる」と新教育長の石井先生は私に語る。「憲法二六条は、国民の教育を受ける教育権の定めがあり、教育の機会均等の定めにより不平等に触れる。申し訳なかった。すぐ改めるので許して頂きたい」という趣旨であった。私が賢くてよくわかっていたら裁判になったかも知れない。しかし、正直、私もよくわかっていなかった。園に帰って調べてみると「すべての国民は、法律の定めるところによりその能力に応じてひとしく教育を受ける権利を有する。」とある。

第二次世界大戦後、昭和二二（一九四七）年、「教育基本法」ができ、教育の目的・方針、教育の機会均等等、義務教育、男女共学、学校教育、社会教育、政治教育、宗教教育、教育行政を規定し、それが教育法令の基本となった。教育行政機関としては「国民の教育を受ける権利」という法律を遵守する必要がある。従って未認可園、認可園にかかわらず通園する子どもには「平等に教育を受ける権利」があり、就園奨励金、園児補助金を父兄に出します。許して頂きたいという趣旨の暖かい教育長さんのお言葉であったことを理解した。立派な教育長のお励ましの言葉に頭が下がり感謝の意を伝えた。皆は知らないが今は故き教育長さんとの二人の対話、貴重な思い出である。

一粒の種を植えて桃栗三年柿八年、開花、結実する迄、たねまき（因）縁（条件）果（みのり）と様々な条件も加わるものである。初志貫徹を誓った子育て教育事業をご理解下さった教育長のお言葉は私達にとって大きな励ましとなった。故人となられて久しいが勝地先生、相川先生のあの時のお言葉やお力添えその光景御恩は忘れられない。

在園児は既に二百数十名に達していた。調整区域なので制限があった。園舎さえあれば希望者は、更に御入園頂けた。筆者も若く勢いもあった。なぜか地域に歓迎され、地域の子どもたちの幼稚園として歓迎をうけた。それを学校法人として一七〇人定員としスタートした。そのような経験の中、田舎と思っていた市原市にも立派な方が在住しておられることを少しずつ理解し始めた。自分の見識のなさ愚かさを笑った。お蔭さまで地域の子どもたち父兄と共に三九年の歳月を重ねた。卒園児は母親、父親として子どもたちをつれて今日も幼稚園に来園して下さる。

地域の大切な子どもたちの教育に当るという初心を貫いて、その後「ちはら台幼稚園」「ちはら台まきぞの幼稚園」「おゆみ野南幼稚園」「学園広場保育園」「ちはら台東保育園」「誉田おもいやり保育園」「ちはら台南保育園」「国際医療福祉専門学校」の誕生へと学園は発展することになるが寺子屋の幼稚舎が礎となって発展の歴史の軌跡となっていくのである。学校存立の根幹の精神である「ありがとうと言える子ども」「お世話になった人にありがとうと言える人」が教育目標である。ふと気がつくと小生も古稀を超え、私の子どもたちも四〇歳超を先頭に七人が活躍しているが、このような園誕生の秘話は知らないと思う。

初心を忘れず貫くことの大切さ、種をまけば開花結実をする自然の摂理を実感する。歳月も要するが、強い信念をもち夢に生きることが大切である。

第三章　お茶の間談義

第一節　現代人のわすれもの

父母のお育ての御恩
人として大切なことを忘れないこと

牛馬動物の多くは母親から生まれたその日のうちに立ち上がり、やがて母乳を口にし、柔らかい草を食べ、驚く程成長も早い。

母乳を飲ませて幼児を育てる哺乳動物である私たち人間は、動物中最も高等な生き物である。しかし最も弱い生き物とも言える。

子育てのための母乳は人間は分娩後三〜四日から分泌、その生母の乳汁は蛋白質・脂肪・乳糖・塩類・各種ビタミンを含有し生命を育む。人工のミルクで育つ子どももいる。五体不満足を始め、知的・身体・精神の日常生活に障害のある人たちも一割二割いらっしゃる。

一人の人間として人権（生きる権利）の平等もあり、ありのままに生きられる。共に生きる社会である。

福祉国家先進国として充実した思いやりのある社会現代社会である。

ふるさと再生論
郷土愛と社会貢献

三つ子の魂百迄も私たち個々の人間には、それぞれ両親があってこの世に生命を頂く。生命誕生物語がある。医学の進んだ今日とて難産もあるものの昔と違って分娩で命を落とす人は少なくなった。そうであっても「人身受け難し」、命の大切さに変わりはない。

自らの分身を生み、母親として子どもを一人前に育てる母親業程、大偉業はない。母は偉大である。

生命誕生という一瞬の感動を胸に生涯母親は、大切に子どもを育てる。幾年月と共に子どもは心身共に大きくなり立派な大人に成長し、自立し活躍をする。

思春期には自分の本当に行いたいことを見つけ、人生の目標に向かって努力し、知識と技術を学び身につけ、社会貢献をして活躍をする。

アイデンティティの形成不全の人もいる。

出生秘話と母親の愛育の御恩

私は自身の誕生秘話をあまり語ったことはないが母親の御恩を語ろう。

未熟児で兄、姉二人、私は四番目の子どもとしてこの世に誕生した。母親が自ら希望し、三九歳、当時としては高齢出産であった。必ずしも健康で丈夫な母ではなかったが、私の誕生を希望した。昭和一九年七月一二日、終戦の前の年、焼夷弾が雨のように落下する名古屋で生まれた。名古屋郊外の明智の小野田さん（故、三好町町長）宅に家族全員がお世話になった。車の無い時代で、リヤカーでの疎開であった。生まれたばかりの私にはこの戦時中の記憶は残っていない。母より聞いた話である。

「おぎゃあ」と産声《うぶごえ》をあげ、親は五体満足の子どもか心配気にかわいい生まれたばかりの赤ん坊に対面するものである。どんな子かな、と。

医師は虚弱な母のお腹の中で臍《へそ》の緒《お》が首にまきついていて産声をあげず紫色で未熟児の生まれたばかりの私をとりあげ、逆様にして背中を軽くたたいた。しばらくして「おぎゃあ」と産声をあげたという。

母体の中で無理をしていたためか首が傾いて筋肉が異常にこり固まって瘤《こぶ》がある。そのため、正常な直立の姿勢がとれない。普通と異なった珍しい姿の奇形児であり正常ではない。

医師は手に負えない治せない状態である子どもの私と離れ、その場を立ち去りいわば医師には見捨てられた。

母は望んで産んだ子である。私の瘤《こぶ》をその日から母乳を与えるごとに揉《も》み解《ほぐ》しにかかり、こり固まった瘤は次第に柔らかくなっていく。だんだんと小さくなり百日程で瘤は消え去った。私はこの秘話を母から聞いて、母親の愛情ならではの誰にも真似のできない無二のすご技、私は母親のお蔭で「坊や坊や」と呼ばれるわんぱくな、人一倍元気な子どもに育った。

そのような出生の秘話もあり、私は人以上に母親の愛情のすごさを今日でも感じている。

小学校六年生の時、愛知県豊田市（当時は挙母市）健康優良児第一位、小学校相撲大会第二位準優勝の成績をおさめた。

小学六年生の卒業文集を見ると「お世話になった親の恩を忘れてはいけない。お世話になった人にありがとうと言える人になりたい」という意味の文章が残っている。

お育ての御恩、知恩報恩《ちおんほうおん》の心である。豊かな何一つ不自由のない時代の今日である。経済第一主義の時代の風潮の波なのか、御恩を忘れ有難さを語らない日本人が多く見られる今日である。父母ありてのわれらであり、父母なくばわれらの存在はない。生みの親、育ての親には、お育ての御恩がある。

なぜか最近は親に感謝の意を表す人たちもいる反面、私が望んで生まれてきたのではない、勝手に生んだのではないかと、感謝の意や御恩を忘れた「恩知らずの人たち」が多々いて親和力の欠如、不協和音という社会病理現象を生み、家庭崩壊の危機の姿をよく目にする。

いわゆる狼藉の人間たちの暮らしである。恩を仇《あだ》で返す人間たちがいる。恩返しをしないばかりか、かえって仇を以て報いる人面獣心の人たちである。即ち義理や人情を知らぬ忘恩の人である。

知恩報恩（恩を知り恩に報いる）好意をもって為されたことを知る。他の人からなされたことを感じとる感謝の心や受けた恩がどういうものであるかを知る。

今日あるのは誰のお蔭か「知恩恵《ちおんえ》」が人の道の根本として大切と説く。

恩を知る者は少なく、受けた恩恵の本当の意味を知る者はすくない。だから仏陀のことを「恩を知る者」、恩に目醒めた恩を自覚する「知恩者」ともいう。私たちは目醒めた者には容易にはなれないのだろうか。

そのような愚者であるとしても、お世話になった人に有難うと感謝する心をもった一人の人間でありたいと願うのである。

郷土愛も同様である。お育て頂いたふる里への御恩返し、少子高齢化社会の郷土ふる里の衰退は、皆が懸念するところであろう。

若者の定住が望まれる地域社会であるが高齢者は増え続け超高齢社会の到来を目前にして、少子化、子どもの数が少ないことがふる里の悩みの種である。

観光立国、観光立県も大切であるが、交流人口には経済効果はあっても所詮通りすがりの客である。定住人口が重要である。

高齢者の定住歓迎もよいが三つ子の魂百までの子どもたち、成長し児童、少年、青年と進む若者たちが社会発展の鍵をにぎっているように思えるがいかがであろうか。

ありのままを知ること

現象学と本体論

私たちは日頃、日常茶飯事の様々な目の前の現象、波風の対応に追われ多忙な生活をしている。政治も経済も社会全体のすべては現象であり海の波風のような諸現象に乱されているると言ってよい。

カントは現象とは不可知の物自体《ものじたい》である、本体にたいして知り得られるものすべてをいうと語る。

現代の哲学に深い影響を与えたエドムント・フッサール（一八五九〜一九三八）はハイデッガーからサルトル、メルロ＝ポンティに至る現代の実存論的哲学の形成にも大きな役割を演じた。

「事象そのもの」の現象学の歩んだ道をフッサールが主として開拓したのは実質的存在論であった。

現象とは何か。現象とは現れた姿を意味し、その場合の「何か」が実在である。実在は現象の背後にあって、これを支える本体・本質と呼ばれ、実在は事実の真の姿である。

見えている現象と事実の真の姿は何であるかという視座は、哲学的思素の一般的形式といえる。知覚によって受け入れられたものとしての現象体と明らかにされるべき叡智体である。

現象の背後にあってこれを支える何か或るものに対しては通常実際、本体の名が与えられ根源的本質を意味するが、現象に対する原因の意味もあり、現象を生起せしめる根源を意味している。

現象の根源をありのままに見ることが今私たち皆に求められている。

少子高齢社会、人口減少、少子社会という二一世紀の現象には、出生率より死亡者の多い人口自然減という本体論をありのままに知り、ありのままに見ることが問題の所在に気づかせ解決の道を与えるであろう。

なぜ人口減、過疎化社会が進むのか。真実を知り、そのことに目をそむけず解決策、処方箋を施さねばならないであろう。

事の真理を見極め社会本体が一体どうなっているのか、ありのままをよく知る必要があろう。

さもなくば現象論、波風に惑わされて気が付けば過疎化や人口減少無人村化が進んで、対応時期を喪失し、手のほどこしようのない状態となってしまう。時すでに遅しとならぬ、時期相応が大切である。

仏教はありのままを知る真如観を諭す。現象の根源に真理が存在し、そこには自然の法則があるという。

私たちがよく知る因果律は、種をまけば実がなるという種の論理の弁証法である。桃栗三年、柿八年の結実の論理である。心が心を伝うというのも因果応報の真理であろう。自然の法則は、人間そのものの生活を支配し行動が結果をもたらす。念ずれば花は開く因果の道理であろう。

第二節　仮面をとった人間親鸞

第一項　本当の自分のすがたの告白

私たち個々の人には顔があり、目、鼻、口があるのみならず、それぞれの表情や美貌を誇る顔自慢もあろう。仕事師としての顔、父親母親の顔、化粧をした顔もあろう。人はそれぞれ社会の中で役割分担をし、日々人生を演じて生きている。演技者としての仮面をつけ、人生という舞台の上で暮らしているであろう。仮面をとって本当の自分を告白するとき、自分はどんな人間なのか、人は「ありのままの人間性」を現すことになる。求道者親鸞はある日仮面をとった。自身は聖者なのか凡夫なのか、自己そのものを凝視してその価値を確認した。即ち「自己そのものを知る」本当の自分を発見しようと自己省察を行った。わが身の程を知るこの洞察の中で自己に解脱力《げだつりょく》なきことを知り、煩悩が人生苦の原因であることを知った。そして行いに一善もなき罪悪生死の凡夫としての救いの道を尋ねる日々となった。

現代日本人の私たちは「損得の物差し」で物事を考え、名と利を求める生活、活動をしているであろう。名利の世界、社会の作為的秩序の世界に生きている。それは戦後経済を柱として復興を成し遂げ、経済大国という豊かな日本社会を実現した先達の努力、その手柄、お蔭、お国柄、国の経済政策理念に相即しているとも言えなくはないであろう。

東南アジア諸国や発展途上国の人びとの生活実態を目にするとき、窮乏は経験した最も嫌なこととして勘弁してほしいと多くの日本人が思うであろう。と同時に、一方、仏教国であるスリランカ、タイ、ミャンマー、ブータン、モンゴル、チベット等の国々では仏陀を崇敬する仏教信仰が生きている。日本社会、日本人はどうかと言うと豊かさの中に国家発展の底に流れる何か大切なもの、日本的霊性を忘れてはいないか。経済大国日本の心の砂漠化が心配にもなる。

日本という国家は奉仏派蘇我と排仏派物部の二大勢力の戦いにより歴史が始まり、奉仏派の勝利により仏教国としての夜明けを迎えた。和国の教主聖徳太子の仏教導入、法隆寺・四天王寺建立を始めとして仏教文化形成による国家の発展という心の歴史を持っている歴史ある仏教文化国家である。今日の経済繁栄政策は、国家発展の大切な心を忘れていないであろうか。明治時代、廃仏毀釈などの弾圧を加え、仏教興隆の根本精神を忘却した廃仏派の亡国の亡霊。その火種はいま尚存在していて、「心の貧困」という光と影を投影しているかの如くである。正法が廃れ、仏教は滅びはしないかという末の世の現状、兆候が見られ心が痛む。

人生出現の目的を感じ、信仰心を確立し我らの解脱し得る道、救済を考えるとき、このような時代の環境において断惑証理《だんわくしょうり》し、純真無垢な仏果を成就するということは最も困難であり、時代がそうであるというばかりでなく我らの凡夫性を見つめるとき、煩悩の雲厚くして真理の月を眺むる力もなく、行足の歩みは重く、彼岸へ渡る術を持たない苦悩する群衆を目にする。

現時の凡夫人にとっては仏果を成就せんとする解脱法門の如きは、その器にあらず。時代不相応である。人に善人らしく思われようとし、偽りの心を持つ。内省し、自己そのものを知ると「自身は現に罪悪生死の凡夫、よりこのかた六道に流転して出離の縁あることなし」善人であると傲語し得る我等ではなく、罪深い凡夫である。我が身の悪きについて反省させられる。

人生苦の原因は煩悩である。如何にしてこの煩悩を断じて解脱を得るか。どこかにその悩みを救う道、凡夫解脱の道がなければならぬが、何れの道が自己に適するか、自己の力で行うことのできる選ぶべき指導原理に出会い、専念できる一行を発見できないか。ここに現代人の私たちの根源的なテーマがあるように思うのである。

仮面をはずしてみた赤裸な人間、自己自身はどんな存在であるのか。

私とは何か。探求の日々の末、親鸞は五蘊《ごうん》無我の人間の存在、人生の旅路の現存在を悟る。

仏教語「五蘊」の蘊は集まりを意味する。我々の存在は物と心、物質と精神、心身一如の存在であり、㈠色（物質、肉体、身体）、㈡受（感覚、感受作用）、㈢想（想像、心に浮かぶ表象作用）、㈣行（意志、潜在的形成力、心作用）、㈤識（認識・識別作用、心の活動）の五つの集まりである。

我々の心身は五蘊より成り、定まった本体がなく無我（我を有しない）である。無常であるが故に無我である（『雑阿含経』三巻）。無我説は、我は無く永遠不滅の本体、固定的な実体はなく無自性《むじしょう》である。常住の実態があるものではない、非我《ひが》という意味である。人間の一生には天寿がある。人生には始めがあり、終わり、終着駅がある。即ち人間には「生きられる時間」があり、命終を迎える存在である。存在は無我であり、常住の実態があるものではない。四歳のとき父を亡くし、七歳で母を亡くしたといわれる親鸞は、幼心ながらも無常観を感じ九歳で出家得度し、比叡山で二〇年間修行の日々を送った。

そのテーマは「生死いづる道」の発見であり、求道者としての叡智の探究の日々であった。

愚禿と名告った私度僧親鸞

越後配流を縁として、親鸞は自らを愚禿と名告った。「僧にあらず俗にあらず是の故に禿の字を以って姓と為す」(『教行信証』後序)。禿とは禿頭を言い、長髪でない坊主頭を自ら「禿」と称したのである。「破戒にして法を獲ざるものを禿居士と名づく」(『大涅槃経』)にある如く、妻帯の僧、聖覚《しょうかく》法印も「愚禿聖覚」と『十二門記』に書いている。

大化の改新後より奈良時代、平安初期までの三世紀の間は、日本史上律令国家であった。律は主に犯罪と刑罰を定めた制裁法であり、令は国家制度の万般を定めた憲法、行政法、司法、訴訟法の規定、国家の基本法典であった。令の巻第三に「僧尼令《そうにりょう》」の定めがあり、僧尼統制上の刑罰、規則を主内容とする編目の定めがあった。僧侶と尼、男女の出家還俗の厳格な定めであった。

南都北嶺の衆徒や旧教団より嫉まれ、貞慶の如き高徳の学者からも念仏者は弾圧を受けた。一二〇七（承元元）年、承元の法難が起きた。既成仏教からの攻撃により法然は讃岐国へ流罪となり、親鸞は越後御流罪となった。即ち専修念仏は禁止となった。なぜであったか。

後鳥羽上皇が熊野詣に出かけて留守のときのこと、吉水門下の住蓮房・安楽房の二人が東山の鹿ヶ谷に於いて別時念仏（日常の尋常の念仏でなく臨終の悪縁を避け正念し来迎を期する念仏会）を行い、「六時礼讃」を勤め、多くの発心者を出したのであるが、その人たちの中に天皇留守中の女房にも出家する者が出た。このとき住蓮・安楽の二人が留守中の女房と止宿したとの噂、誤解を生じ、後鳥羽上皇の逆鱗に触れ、住蓮・安楽の二人は六条磧《かわら》で死罪に処せられた。問答無用の松虫・鈴虫事件である。

『拾遺古徳伝《しゅういことくでん》』によれば、善綽房西意・性願房・住蓮房・安楽房の四人は死罪、八人の僧侶は流刑処分となっている。「源空聖人（藤井元彦）土佐国・浄聞房備後国・禅光房澄西伯耆国・好覚房伊豆国・法本房佐渡国・成覚房阿波国・善信房親鸞越後国・善慧房証空無動寺前大僧預ル」とされている。

比叡山延暦寺、興福寺等、旧仏教による戒律無視を口実とする弾圧であった。僧のまま刑に服すことができず、皆還俗の身となった。

非僧（僧に非ず）は還俗者の無戒の名字であった。

この世の習い　仏教弾圧

俗とは在俗の出家していない者、その人たちが住む世界、権力を追及してやまない人間のことであろう。権力の座をめざし権力社会と結びついて人を支配しようとする、人を弾圧し得る権力を握る人たちである。権力は支配の名利を追求する。俗とはそのようなものであろう。いかなる政権も民衆のためのものであった試しはないと、新しい支配力、無限、無耳の権力の正体を指摘し歎き、親鸞は「俗に非ず」と非俗を強調した。そして「今の時の道俗、おのが能を思量せよ」と大乗仏教の積極的な利他行の実践思想を背景に、衆生利《しゅじょうり》益《やく》、民衆のため、字も読めぬ農民や底下の罪人のための信仰の道を究めた。

それはおのが能を思量したとき、戒律主義に生きられない持戒の廃棄宣言であり、そこに我らの存在があった。

戒は在家、出家の仏教徒がそれぞれ守るべきものであり、自発的なものである。在家信者が持つべき五戒（不殺生・不偸盗・不邪淫・不妄語・不飲酒の戒）、見習いの出家者（沙弥）の持つべき十戒、完全なる出家者が持つべき具足戒（比丘二五〇戒、比丘尼三四六戒）の定めがあった。

最澄は官僧の受戒について、小乗二五〇戒に加えて大乗円頓戒《えんとんかい》を創唱している。親鸞は、末法の時代には教えはあってもその実践と証果はなく、戒そのものが失われている。既に持戒とか破戒とかの段階ではなく無戒である。越後流罪により還俗した親鸞は「僧に非ず俗に非ず」、比叡山にて二〇年間修行はしたものの、戒律を守ることができない愚かな自身を正直に告白し、知徳が勝れ、万人が仰いで師とするようなエリート僧でもなく「煩悩具足の凡夫」である。愚かな無戒者であることを、仮面をとって正直に告白した。

女人禁制であり、梵網《ぼんもう》四十八戒の第四飲酒、食肉は禁止である。僧侶が肉食をし、臭気精力をつける五辛《ごしん》（にんにく、らっきょう、ねぎ、にら、センボンワケギ）を禁じ色欲や怒りの心等を避けた。妻を持つこと、肉食妻帯は許されていない時代であった。しかし無戒の者、煩悩に惑迷する我らこそ阿弥陀如来に救済されて然るべきであると、親鸞は逆説とアイロニーの救済観を展開する。人間の命を支える鳥・獣・魚等を殺生し、命の糧とする我らである。戒律主義の否定、持戒の廃棄を宣言し、煩悩を断ずることなく涅槃を得る万民救済の念仏の道を、仮面を捨て告白した。

仏教者親鸞の、仮面を捨てたありのままの人間救済道であった。

主我性の克服

自己の分別、はからい

成人して物事の道理が最もよくわかる年頃を「分別盛」という。分別のある者、うまく思案を巡らす者を「分別者」というが、この分別とは、理性で物事の善悪・道理を区別してわきまえること、心が外界を思い量ることであろう。

私共は日頃、世間的な経験、識見等から思慮し、判断し、思案を巡らす。区別をつけ選り分けるであろう。思慮があるような顔つき、分別があるような顔つき、「分別顔」で平然と暮らしている。理性は真偽・善悪を識別する能力であり、人間の自然な認識作用であろう。

人間と動物とを区別するもの、それが概念的思考能力、思慮的に行動する能力、理性である。

カントは行為の原理となるものを実践理性と呼んだ。理性に従って判断し、行動するありさまを理性的であるという。仏教語では自己の「はからい」という。見当をつけ見計らう、伺い見ることである。人間が裁く。思量する。量り、善し悪しを吟味する。計らいは、数えたり計算をし推し量ることである。よいこと悪いこと等見当をつけることである。実際は自然の法則、摂理、因果律で万般は動いているであろう。

ところが「自己のはからい」は外的な事物にとらわれた断定をする。区別して考える。概念で考える。妄想もする。

妄分別は誤った認識である。心の働きが対象を思惟する、これに三種がある。
一、自性分別……眼《げん》（物を見る）、耳《に》（音を聞く）、鼻《び》（香りを嗅ぐ）、舌《せつ》（味わう）、身《しん》（触れる）の五識が対象を識別する
二、計度分別……対象の差別を推量する働き（推量＝推し量る）
三、随念分別……過去のことを追念する働き
これらの「分別」、誤った知的な働きによって我執を起こし、物事にとらわれ、その結果苦しみを生ずる。我（われ）、おのれ、自我、その人間という個体には、自分が可愛く自己

に深く愛着する我愛があろう。我ありと考え、わたくしを実在視する。我を依りどころとして己を頼んで、時として慢心、思い上がりを起こし、我あり、俺が俺がと執着をする。自我礼讃をする自我意識である。主我性ともいわれる。仏教は非我無我である。自我に執することなかれと諭すが、邪見憍慢悪衆生《じゃけんきょうまんあくしゅじょう》、自我に執する凡夫である。真実知から見ると愚かな有識論である。聞く耳を持たない。叡智を尋ねることもない人間の姿に見られる。

現代人はよく惛沈《こんじん》に陥る。心が重く暗くなり、心が滅入り、ふさぎ込む病状を示す。大煩悩地の一つであるが、煩悩のいたずらである。心の不活動性、心の沈鬱、人を懶惰《らんだ》、怠慢にして重く沈み溺れた状態にする。

躁うつ状態の原因は、惛沈という煩悩が原因していると考えられる。唯識では二〇随煩悩の一つに数えている。

煩悩は人生苦の原因である。その煩悩を断じて涅槃を得るのが解脱道であるが、果たして如何にしてこの煩悩を断じて解脱を得るか。煩悩を断ずるのは容易なことではないであろう。

煩悩を具足した凡夫のその悩みを救う道がなければならぬが、それは何か。阿弥陀仏こそ凡夫解脱のために慈念を持ち救済したまう慈悲の光であることは、自我を超えた願いの存在を感応道交《かんのうどうこう》するところから始まる。主我性の枠の中に存在する限り真実は見えず、聞思する姿勢がない限り主我性の根は断ち切られない。回心《えしん》（conversion）により暗闇に光が差し込むであろう。

除夜の鐘

大晦日の夜、夜半一二時に諸方の寺々でつく寺院の釣り鐘、いわゆる除夜の鐘は、百八の煩悩を除去する意から百八回つくといわれている。煩悩は有情（人間）の心身を煩わし悩ます煩擾悩乱である。私たちの心の穢れ、汚れも手伝い、妄念ともなる。惑ともいう人間の精神作用である。

根源的な煩悩としてよく知られるのは三毒の煩悩（三垢）であり、即ち貪《とん》（むさぼり）、瞋《じん》（いかり）、痴《ち》（おろかしさ）が代表的であろう。私たち人間はあらゆる煩悩を身に具えている。貪り、怒り、愚痴等の全ての種を身に具えている。だから私たちは「煩悩具足の凡夫」であるといわれる。

煩悩は解脱を得る上での障害物、妨げ、障りである。煩悩の火が燃え盛るように、激しく煩悩によって心が動揺する。堕落する者もいる。煩悩熾盛《ぼんのうしじょう》という人間の浅ましい姿が行動を生み出す。表面だけの問題でなく、本質的に炭団《たどん》の如く、削っても削っても中まで黒いのが煩悩具足の凡夫の姿、存在である。

よき師との出会い

法然と親鸞

親鸞は九歳のとき東山の青蓮院の天台座主・慈円の下で出家得度し、僧侶として二〇年間仏道修行に励んだ。幼少の頃父母と死別し、子どもも心ながらも無常観を感知し「生死いづる道」の叡智を求めて叡山にて転迷開悟《てんめいかいご》の道に精進した。

親鸞が比叡山で二〇年間の日夜に励んだ仏道修行その堂僧生活で見たものは、僧侶たちの浅ましい権勢欲であった。表面清僧ぶった生活をしているが、裏では色欲におぼれる人間としての僧侶、その腐敗・堕落ぶりを目にした。

道心堅固な求道者親鸞は、天台の本覚思想にも真剣に取り組んだ。己が能を思量してみると、末の世の我らには実践し得ない、自らの力量では度脱できない難行の仏教がそこにあった。

酔生夢死の人生行路に終焉を迎える人たちも多くいるであろう。二九歳のとき、親鸞は山を下りる決意をかため、救いを求めて救世観音《くぜかんのん》の化身《けしん》と信仰されていた聖徳太子のゆかりの地、京の六角堂に百日参籠の日々を過ごした。この参籠を機縁として、東山の麓、吉水にある法然上人の庵を訪れた。苦悩に苦悩を重ねたあげく、親鸞は専修念仏の道を説法していた法然上人の教えを聞く機会に恵まれた。

「生死出ずべき道をただひとすじに聞思聴聞し、全生命の底までに至る感激、真理に逢い得た慶喜を得て、二九歳のとき、一二〇一（建仁元）年、辛酉《かのととり》の年、親鸞は「雑行を棄てて本願に帰す」自力雑行の修行を捨てて他力本願に帰依し、そしてそれから元久二年三三歳のとき、法然上人から『選択本願念仏集』書写のお許しを頂き、同年夏、七月一四日に師と仰ぐ法然上人自ら「選択本願念仏集」という内題の字を「南無阿弥陀仏　往生之業　念仏為本　釈綽空」という文字をこの書写の本に御染筆くださった。同日また、お許しを得て師法然聖人の御真影を図画し奉った。同年、七月二九日に法然上人は「若我成仏十方衆生　称我名号下至十声　我不生者不取正覚　彼仏今現在成仏　当知本誓重願不虚　衆生称念必得往生」の文をお書き下さった。また夢のお告げにより善信と名を改めた。法然上人は七三歳であった。『選択本願念仏集』は月輪殿兼実公の命を受けて撰述遊ばれた御著述である。浄土真宗の簡要、他力念仏の奥義はこの書物の中に収められている。ひとたびこの書を拝見すれば、誰でも念仏の奥義を悟ることができる。まことに世にも稀なる勝れた立派な書であり、この上もなく深い意味を持った宝典、お聖教である。本書によってその教誨を蒙る者は多く、千万人を超えるであろうけれども（印刷技術のない鎌倉時代である）、この本の書写を許された人はほとんど数えるほどである。私親鸞はよき師法然上人のお目にかない、この度その書写を許され御真影まで図画させて頂いた。これは専ら正しい念仏に徹し了解したお蔭である。これで往生も決定した証拠である。まことに喜びの涙をおさえてその由来を書き記した次第である」（『教行信証』）

二九歳で法然上人に帰依し三三歳で門弟の一人として念仏者として大きな信頼を得た親鸞であった。宗教的伝道上の指導者、一生を左右するような善き師との出会いによって、心の糧、生き方の指針が得られた。仏教語「啐啄同時《そったくどうじ》」は、鶏の卵から出ようと泣くとき殻の中で雛がつつく音（啐）と、母鶏が殻をつつき割る音（啄）、逃したらまたと得難いよい時機に機を得て両者が相通ずる、師家と修行者との呼吸がぴったり合い、修行が熟して今まさに悟りを得ようという時、弟子に師匠がすかさず一つの教示を与えて悟りの境地に導く啐啄の機に遭遇したのである。

「青は藍より出でて藍より青し」は、弟子が先生より優れることを言うが、そのような出《しゅつ》藍《らん》（弟子が師より勝る）の思いは親鸞にはなかった。師資相承《ししそうじょう》という師から弟子へと道を次第に伝えていく、師の助けを仰ぐ師弟の間柄の初心忘れずという仏教者の初志一貫の姿勢であった。

師はただひたすら念仏のみを唱えて他の行を修めない「専修念仏」の道を示した。一つのことを念じてわき目もふらず、横道にも逸れぬ一向専修、称名念仏の「一行」を示した。一心を一つにして精神を集中し、雑念（気を散らす種々の思い、修行の邪魔になる余計な思考）を交えない。諸々の行を修め極楽往生を願わずの雑行では弥陀の浄土に往生することはできない。悟りを得るための真正の行い、正定の業を諭した。

阿弥陀仏を信じて疑いがなければ現世にて正に仏果を得ることが定まっている者になれると、師資相承の智慧を伝授した。弟子は了解した。

親鸞は、初心を忘れず念仏一行に専念し、大器を晩成する大切な生き方の智慧を師から学んだ。大きな器、優れた人物、才能の大きな器は早くはできない。人も大人物は才能の表れるのは遅いけれど、徐々に大成するものである。親鸞は師の教えによって大器晩成という真実の生き方を身につけたのであった。

性を抜きに人生は語れない
妻を娶った破戒僧　親鸞
ありのままに生きる生き方

人の一生には、性に目覚める頃がある。血気盛んな思春期、性に目覚め異性に関心を持ち恋に落ちて男と女の純愛物語が始まる。それは人として決して異常なことではないであろう。思いがけない「できちゃった婚」もあり、二人は愛の巣に一緒に暮らし始める。結婚・出産によって賑やかな家庭生活、大切な家族、人間の絆が結ばれ形成される。

「僧尼令」の影響もあり、親鸞が生きた鎌倉時代は僧侶の肉食妻帯や飲酒、五辛を口にすることは禁じられていた。女人禁制の世であった。教信沙弥《きょうしんしゃみ》という僧侶は初め、興福寺で法相《ほっそう》（唯識《ゆいしき》）因明《いんみょう》を学んだが、後に賀古に隠棲し妻帯して常に念仏に努めた沙弥であった。沙弥とは出家したての具足戒を受けけない未熟な僧を意味する。自分はちょうど賀古の教信沙弥の如き者であると親鸞は思った。

法然の弟子で親鸞の先輩である聖覚《せいかく》（一一七六～一二三五）の著『唯信鈔』を自ら書写し、弟子にしばしばこれを読むことを薦めているが、文字に疎い田舎の人びとに分かり易いように『唯信鈔文意《もんい》』を親鸞は著している。聖覚は法然門下とはいえ父澄憲と同様公然と妻帯したり、叡山の僧であったが法然の信仰・思想に共鳴する異色な存在であった。

思想弾圧による罪で越後御流罪により自分の身を「愚禿」と名乗った親鸞は、女犯を禁じられた僧ではなく、かといって俗人の妻帯者とも違う。破戒して法を護らぬ「禿」であり、僧の姿をしていても人間として貪瞋邪偽《とんじんじゃぎ》（激しい欲望・愛欲・いかり・腹立ち・うらみ・よこしまな誤った見解）、奸詐百端《かんさひゃくたん》（無数に偽り・欺き・へつらう）、煩悩熾盛《ぼんのうしじょう》（煩悩の火が燃え盛るように激しい）の凡夫として、愚禿の域を一歩も出ることができないという倫理的領域の反省を一歩踏み込んでの宗教的領域の反省をもった。

親鸞は九歳年下の妻、恵信尼《えしんに》と結婚をした。越後御流罪中の頃と推察できる。子女に印信、小黒女房、善鸞、明信、益方、高野禅尼、覚信その七人の母といわれる。九〇歳にて京都で天寿を終え涅槃に入寂した父のことを、末娘の覚信尼が越後の母恵信尼に便りにて知らせ、恵信尼は一一通ほど末娘覚信尼に手紙を書き、その書簡一一通が一九二一（大正一〇）年、本願寺の宝庫から発見されている。それまで親鸞は学者サロンでは架空の人物と語られ「恵信尼文書《もんじょ》（消息）」にて初めて史上の親鸞が明らかになったのである。拙著『恵信尼公の語る親鸞聖人』（国書刊行会）の御一読を希望したい。

親鸞は罪悪生死の凡夫であると仮面を脱いで語る。
親鸞の和讃に
「浄土真宗に帰すれども
真実の心はありがたし
虚仮不実のわが身にて
清浄の心もさらになし」
とある。この和讃は真実の心は無く清浄の心は更にない人間であるとの自己告白である。
自身は虚仮不実《こけふじつ》、汚れた心の持ち主であると告白する。
「外儀《げぎ》のすがたはひとごとに
賢善精進《けんぜんしょうじん》現ぜしむ
貪瞋邪義おほきゆへ
奸詐《かんき》ももはし身にみてり」
意訳
外見は人ごとのように善人顔をしている。いかにも賢く善く努めはげむ精進努力する人間のように装い、内心を見ると貪りの心、瞋《いか》りの心、嘘偽りの心が被い人をあざむく、よこしまな誤った見解が身に充満している。

「悪性さらにやめがたし
こころは蛇蝎《じゃかつ》のごとくなり
修善《しゅぜん》も雑毒《ぞうどく》なるゆゑに
虚仮の行とぞなづけたる」

意訳
自分の悪性は生まれつきであり、到底止めることができず、止め難い。心はまるで蛇さそりのようにねじけている。たとえ善を修めてみても、そのような善は清らかな心で行ったものでないから、毒の混じったものであり、嘘偽りの行と名づけるのである。

「無明《むみょう》煩悩しげくして
塵数《じんじゅ》のごとく遍満す
愛憎違順することは
高峯岳山《こうぶがくざん》にことならず」

意訳
真理に暗い無明煩悩が激しくて、一切の迷いの根源とされる無明煩悩がはげしくて、塵ほこりのように世の中に満ちみちている。順境を愛し逆境を憎むことはまるで高い峯、高い丘の如く煩悩が高まっている。親鸞は、わたくし自身の現在の姿を底知れぬ無明煩悩の存在、罪悪生死の凡夫として照らし出し、出離することは不可能であると、限界状況を告白している。玉日姫《たまひひめ》（九条兼実の娘とされ親鸞の妻であったという説がある）の問題もあり、妻二人説や多妻所説も見られるが、親鸞はドンファン的性格の色男ではなく、恵信尼公を生涯の伴侶とし苦労を共にした妻一人説を拙著『孫・子に贈る親鸞聖人の教え』（法藏館）は論じている。

親鸞の悪人正機《あくにんしょうき》の思想

善人悪人の善悪の判別は、倫理、社会通念による道徳や法律が決定することが一般的であろう。人には道徳にかなった正しい人、善人もいるであろう。さりとて人倫に反する悪いこと、よくないこと、好ましくないこと、正義や道徳、法律に反する邪悪なことを平気で行う悪い人間、悪人たちもいて、不正な人もいるこの世の中である。悪い友達を持たぬことが肝要であろう。

今、悪人正機を語る時、人間の定めた基準である道徳に反した悪い人間や悪い行為の人間を救済するという倫理的・道徳的・法律的・社会的な意味の救済論でなく、般若の智慧には自業自得には厳しい因果の法則があろう。阿弥陀仏の前に自身をさらけ出して内省したとき、「宗教的な実存」として、煩悩具足の我らは完全なる善を行い得る人間ではなく、仏の願いに反している煩悩を具足した存在者、凡夫であり悪人ではないか。善人と思い上がっているのではないか。このような自覚から悪人正機の思想が生まれている。つまり悪人の悪は、煩悩を具足した私たちの存在そのものを問題とし、自己の力にて善を積んで仏となることができる善人ではなく、善を積み仏となることができぬ者、煩悩を具足し、いずれの行にても生死を離れることができない我らを悪人と称したのであり、悪とは煩悩のことである。宗教的な意味における自覚を深めた悪人こそが仏の救済の対象であり、救済の目当てであると『歎異抄《たんにしょう》』は「善人なおもて往生を遂ぐいわんや悪人をや」と悪人正機説を語る。悪事を奨めたものではない。誤解せぬように。悪人こそ救いの対象であるから悪をなすほうが救われるという曲解（本願ぼこり）を奨励したものではないのである。

自分の能力にて善をなし解脱できる人たちは仏に帰順しようとする心が薄く、仏の救済を喜ぶことができぬ。煩悩具足の凡夫であり、いずれの行も及び難き人間という仮面を脱いだ正直な告白こそが救いの対象であると語りかけるのである。

本願に遭遇

正しい信仰心には二種の深心、深い心、機の深心と法の深心との二重構造の信心がある。機の深心とは自己の機根、素質や能力についての深い自覚であり、自分は愚劣な素質能力の者であり、阿弥陀仏の誓願力でなければ出離の縁がないと深く信ずること。法の深心は、愚劣な素質、能力の者は「ただ阿弥陀一仏のみである」とその救済力、威神力を深く信ずること。『観無量寿経』の思想を依りどころに、ほとけは全ての人を救おうとする大乗仏教の願い、希望を持つ存在であると語る。

阿弥陀仏は、全ての人々を救済しようとする誓願、根本の願いを持っている方である。阿弥陀仏の本願を信ずることだけが真実に救われる唯一の道であり、いかなる人も救われる大道である。阿弥陀仏は浄土に往生する働きを衆生に廻らし与える（本願力廻向）不思議な力を持つ王本願《おうほんがん》である。

親鸞は

「本願力にあいぬれば
むなしくすぐる人ぞなき

功徳の宝海みちみちて
煩悩の濁水へだてなし」

と、『高僧和讃』に願力不思議な本願力遭遇体験を語る。

建仁元年、親鸞は二九歳であった。善き師法然上人六九歳との啐啄同時の出会いがそこにはあった。善き師は、指方立相《しほうりっそう》浄土をさし示して浄土行人の進みゆく行き先を示された。

浄土の存在

菩提心を持たぬ人、唯物論者が蔓延《はびこ》る。仏とも法とも思わず、仏を念ずる浄土往生の願《がん》生心《しょうしん》を持たぬ人も増加している。浄土信仰には念仏により浄土に生ずるという基本姿勢があり「厭離穢土《おんりえど》、欣求浄土《ごんぐじょうど》」、穢土、穢れた不浄な国土、現実世界、この世は苦悩に満ちた穢土、忍界忍土、娑婆世界である。人間が現実に住んでいるこの世界は仏国土と違う娑婆である。ふざけて、生きていても何の役にも立たず、かえって他人の邪魔になる極道者もいる娑婆である。その娑婆を嫌い浄土に生まれることを奨める。

願生浄土《がんじょうじょうど》を念ずる求道者であってほしい。浄土を信ずる信仰深い存在者であってほしいと、仏は常に照らし、そのように願っている。

浄土は煩悩の無い清らかな世界である。極楽と同義語であるが、親鸞は浄土という表現を好んだと言える。安楽浄土である。

「もろもろの苦あることなし。ただもろもろの楽をうく。かるがゆえに極楽となづく」（『阿弥陀経』）とある。浄土には美しい蓮の花が咲いている。神通力（超人的な不思議な力）を持つ阿弥陀仏に会い仏法を聞くことができる。仏を供養することができる楽しみがある。人には寿命があり衰え老病死していくが、浄土に生まれた人には寿命がない。

無量寿国、極楽浄土には寿命が計り知れない阿弥陀仏がいらっしゃる。寿命が無量である覚者である。

浄土は存在する。無量光明土として光を放っている。

願生浄土を願い、正しく悟ることができるとこの現世にあって煩悩を断たないまま涅槃を得ることができる。不断煩悩得涅槃《ふだんぼんのうとくねはん》である。親鸞は臨終まつことなし、来迎たのむことなしと、『末灯鈔』に、現世に不退転の位に住することができると、現生不退転位を説いている。

生きている間を大切に考えている。生きている姿はローソクのように煩悩が燃えている。ニルヴァーナのニルは否定を表す。ヴァーナは燃えること、ニルヴァーナは吹き消すこと、炎が消えた状態、煩悩、欲望を滅した精神的平安、仏の悟りを表す。

生きている間浄土に生まれられるが、煩悩の火が燃えているため本当の浄土は命が尽き涅槃寂静《ねはんじゃくじょう》に入って後であるという。

無信仰を歎き『無信仰亡国論』（拙著　国書刊行会）を著述し拙論を著した。

日本人の精神史に今も残存する二大系譜の種は、花を咲かせ実を結ぶ因果関係として、古代から現代に至る二大潮流となって今もなお歴史社会に存在しているであろう。日本仏教伝来時、地方に土着し勢力を持つ豪族、奉仏派の蘇我と排仏派の物部守屋の戦いにより、奉仏派が勝ち仏教を移入、仏教を中心とした仏教興隆詔が発せられたのは、聖徳太子二七歳の推古八年であった。深く仏教に帰依し憲法一七条を制定、遣隋使を派遣、仏教興隆に力を尽くし多くの寺院を建立した。仏教導入に尽力・貢献した崇敬すべき聖徳太子である。

信仰深い人、無信仰で菩提を弔う心を持たず仏法を大切に扱わぬばかりか権力をもって弾圧に及ぶ、双方が現代社会には存在する。

「つねに仏法を毀謗し
有情の邪見をすすめしめ
頓教破壊せしむものは
守屋の臣とおもふべし」

遺教を疑謗し、仏法破滅をたしなむ。かの守屋の徒には、親しみ近づくことなかれと親鸞聖人は語るが、心ある篤信者と排仏論者との二大潮流が、今日とて歴史の底に流れている。

排仏思想は廃仏棄釈《はいぶつきしゃく》が記憶に新しい。仏法を廃し、釈尊の教えを棄却した一八六八（明治一）年の「神仏分離令」。これに伴って神社と仏教寺院との間に争いが起き、寺院・仏典・経文等の破壊運動が起こった。

後にこの神の国の神道の思想が日清・日露・第二次世界大戦へと舵取り誤謬の歴史を展開し、多くの犠牲者が国民のみならず対戦国にも出、今日なお当事国間の国際問題を抱え業が消えない歴史性は、排仏思想の潮流と考えられる。

経済を主軸とし、経済的利益を全てに優先させる経済主義の国家政策は、済民思想が疎かにされ、物心一如という人間存在の精神性が忘却されて、心病む人々を増加させる傾向にあることは否めないであろう。

物、お金という唯物思想は、打算的・享楽主義的な態度や卑俗な処世法の人間を生み、排仏思想を拡大しつつあるように思え、誠に嘆かわしく感じる。仏教国としての日本の素晴らしい伝統を忘却し、経済動物のごとき世相の現代社会は繁栄の光と影、この影の領域で、心不在により世に狂いが生じているように思えてならない。

お寺や先祖を大切にせず、お世話になった人にありがとうの一言も言えずに経済的繁栄を願う人がいるとするならば、考え方が甘いとしか言いようがない。私たちが大切なことを忘れず、仏の願いに覚醒し心豊かに過ごす。換言すれば、仏教に帰依し、心ある人として仏教興隆に尽力する生き方こそ、人間に精神性を蘇らせ、充実感や人生の本当の喜びを与えるに違いないのである。

求道者親鸞が仮面を脱いで告白する信仰心の真髄は、今日に至っても現代人の私たちに多くの大切な真理を諭しているように思えてならないのである。

第三節　母となる日

第一項　楽しみな子育て論

日本の社会においては男も女も一人前であることの基準は社会的なはたらきが第一義であった。

一方、男性の場合、一五、六歳になると先輩に連れられて山登りをしたり社寺に参詣し、その帰路、遊郭に遊んで女体を知り一人前の男として男性の仲間入りをした時代もあった。

女性の場合は「二夫にまみえず」の思想により躾《しつけ》、学校教育に重きを置き、処女性を高く評価してきた。生娘《きむすめ》を娘にしてほしいと依頼する習慣のあった地方もあった。女性もまた男性を知ることによって初めて一人前と認識された。

遊郭や赤線のあった時代の昔話である。

女性は男性と違い、月経《メンス》の有無が女性の成熟を示していた。無月経の女性は空女《からおんな》（実の無い女性）、生女房《きにょうぼう》（完熟していない女性）といわれ、月経の有無が女性としての人生行路に大きく影響を与える。

初潮を迎えて初めて一人前の女性として扱われ、地域住民も女性の一世一代のお祝いを盛大に行った。結婚の資格を得たことを披露して求婚を待つ。社会としても喜ばしい状況であった。

戦前の女子教育の眼目の一つに純潔教育がある。節操、処女性を重視した。処女という言葉が未婚の女性の在り方を表現した時代もあった。

性教育のシステムが失われていく中で、日本において最近増加しつつある性問題の一つに十代の妊娠がある。ほんの遊びのつもりでの性的関係から妊娠してしまい、中絶をしたいと産科医を訪れる少女たちが増えている現実がある。

セックス体験が無いと馬鹿にされるといった意識がティーンエイジャーの間に広まり、それが十代の妊娠・中絶に至ることも多いとみられる。

家庭内離婚と呼ばれる冷え切った夫婦関係等、問題のある家庭で育った子どもたちが、寂しさや父母を求める気持ちをすり替えるかのようにセックスへ走ることが多いと専門家は語るが、昔も今も変わらない風潮なのかもしれない。

妊娠によって結婚をする「出来ちゃった婚」をする人もいる。

家の存続という一面を持つ男女の関係に子どもがないことは大きな問題でもある。養子制もあろうが、結婚をして子どもの出生を望むのは女性の母性という生理的感覚から当然なことであろう。

江戸時代「嫁して三年、子無きは去る」嫁して三年妊娠せぬ女性は不利な扱いを受けた。未婚女性・再婚女性が最も望むものは母性をもつ女性としての子どもの誕生であり、子安地蔵、子安観音等、安産祈願も行われた。

妊娠の診断が早期に確実にできる医学の発達した今日、不妊症の治療も行われている。不妊症の女性は惨めで哀れな一生を送り、墓も別にされた非人道的な人権のない時代もあった。かつては女性は妊娠し出産することをむしろ必然と考え、それが一人前の女、嫁となること、自己の地位を確保することを意味していた。ここには種の保存と家の継承を大切に考えていた先人の思想が存在している。

大家族形態から現在の核家族へ変化する社会は結婚の持つ意味を変えた。若い人は見合いより恋愛を望み、またフリーセックスや離婚を容認する傾向が強い。

母性（産む性）について

無月経、つわり、胎動は今でも妊娠を自覚する大切な兆候であろう。結婚して子どものない女性を石女《うまずめ》といい、生物でない無機物を意味して、女性とは見なしていなかった。その背景には、女性は結婚し子どもを産むことが当然であるという女性観があった。

石女と結婚すれば、夫は次第に身体が衰弱すると伝えられ、結婚すると夫の命が危ない、子どものない女性は一人前とは認められず、葬式も死後の供養も血縁者不在の処遇を受けた。今日では合祀墓もあり、一笑に付すお話であるが、実に酷な話である。

女と生まれれば結婚し子どもを産まなければならなかった。完成された人間と認められる条件の一つが「結婚」であり、「妊娠」は女性にとって人生最大の関心事であり不可欠なことであった。

日本の腹帯文化

日本の腹帯文化は、妊娠五カ月の戌の日に初めて腹帯をつけた。なぜ腹帯をつけるのか、なぜ戌の日なのか、なぜさらし木綿なのか。日本人だけの風習であり、文化的意味合いが含まれている。戌は安産だから五カ月の戌の日、と鎌倉時代以降行われ、江戸時代中期より一般庶民の間でも広く行われた。

腹帯は胎児の大きくなるのを防ぎ難産を予防する。小さく産み大きく育てる。そのため、みぞおち付近で強く締め付けるといった着用法を用いた。

一七六五年、賀川玄悦らの腹帯有害論、一八一八年、玄野龍貞らの無害論、一七七五〜一七九五年には佐々井玄敬、片倉元周らの折衷論、一八三二年平野重誠の改良論等の腹帯論争も展開された。

今日伝統的地域社会が崩壊しつつあり、社会問題が多々生じているが、その中にあって「腹帯を巻く」という行為が守られることは、母親であることの自覚を促す文化としても存在価値の意義があろう。毎朝、自分の大きくなってくるお腹を見つめ触りながら腹帯を巻くその行為は、妊婦としての自覚を促し、大切にしなさいよとの祖先の声も聞こえ、胎児が動くと「しっかり大きくなるのよ」と親心にて祈りながら出産を待つ。母親たちにとって腹帯を締めるという行為は大きな意義があった。

有用論者は腹帯には適度の保温効果があり、子宮及び胎位の正常の位置を保持し、膣壁の過度伸長を予防して妊婦の挙動を軽快にするという効果があると語り、無用論は効果はなく緊縛する恐れがあると説く。

妊娠は私的現象でなく妊娠が公認されて地域社会全体に大切であるということを本人、家族、親族、地域社会が強く意識する。つまり皆が社会の子どもという認識を持つ。社会は新しい生命を迎える。地域社会の一員として一人の仲間が加わる。その胎児の存在を皆が認める。ここに日本の腹帯文化の存在意義があるのではなかろうか。世界各国では見られない日本の腹帯文化である。

分娩準備教育、子安講、母親学級

体を動かすことが安産への第一歩

妊婦は特殊視されがちであるが、日常生活上の労働は、分娩まで出来るだけ仕事をした方が安産すると、出産直前まで田畑で働いたものだった。

体を動かすことを奨励する話はよく聞いた。美食して運動不足でいると胎児も太り大きくなってしまうのでお産が大変である。小さく産んで大きく育てるようにすること、つまりまめに働くこと、体を動かすことが安産への第一の道と、運動不足を戒めた。

難産は女性にとって恐ろしい言葉であり、安産が第二子、三子を産む意志、母性力にもなる。妊娠初期の不安定な時期には労働が過度にならぬように戒めているが、医学上も体を動かすことが安産であると散歩をする妊婦もよく見かける。

現代社会は電化製品の普及等による運動不足や、飽食の時代、摂取栄養の過剰やアンバランス、ストレスの増大等が健康に影響を与えがちである。そのことが妊婦の暮らしに変化を与え自然分娩を遠くした。

昔の女性たちにはお産をするのは母親になる自分自身なのだという主体的態度が見られたが、医療の進歩は出産を専門家に委ねるという意識の変革へと導いた。

科学万能主義への崇敬があり、現代文明の発達は、体力作りや出産への主体的な参加という大切なことを忘却させた。

現代文明の恩恵を享受し快適な生活を求めているうちに、物質文明、科学万能が金科玉条の心貧しい母親を形成し、おおらかな自然体の子産み思想が忘れられてはいないか。

安産を願い心の安寧を求める家族の祈り、先人の心や智慧も子産みの心に脈打ち生きているであろう。

子安講コミュニティ

仲間の安産を祈願して喋り合う茶会、子安講コミュニティも心強いであろう。犬はお産が軽い。犬の安産にあやかるように戌の日に子安講、十九夜講、二十三夜講が開かれ、ご馳走をしてもてなした。若い嫁たちの集まり、親睦会である。

犬がお産で死んだことを誰かが耳にした時犬供養、地域の人びとの合力によって無事出産を願う遊山会を行い安産祈願を行った。伝統的な地域社会も崩壊し人間同士の触れ合いの少なくなっている現代、気楽なおしゃべりのできる仲間の存在が大切なのに、妊婦たちが仲間をもつこと自体が困難になっている。

頼りになる存在である夫も毎晩夜遅く、そばにいてくれる夫も優しい夫ばかりではない。孤立した寂しい妊婦たちもいるであろう。どこで仲間や話し相手を見つけ、相談に乗ってもらえるか。母親学級が妊婦たちの仲間作り、おしゃべりに有効で、助産婦や医師たちも現代版子安講、妊婦の触れ合いの場、おしゃべりの場を与えることを大切に実践してきている。

一方的講義形式の指導ではなく、七、八人の妊婦と助産婦一、二人の構成で話し合うこと。お産テーマでの気楽なおしゃべりがリラックスを与える。日常の食生活の在り方や解決策まで、「ああそうか」と仲間同士確認し、毎日タバコを吸っていた妊婦が二、三週間でやめることができた等は仲間の持つ力と言えるであろう。分娩準備教育である。一〇時間の陣痛に耐えられる身体、産むという気持ち作り、その必要な準備であろう。

どんな健康な女性であっても妊娠し、子どもを産む前は、程度の差こそあれ、情緒的不安定や自己愛の増大、力み、内向性、受動性、依存性等の精神的変化が見受けられ、心身の健康を保つ創意工夫、努力が大切である。

人間らしい生活を営み生きていくためには、仲間の働きが大きな意味を持つであろう。共にお産を考える妊婦仲間の存在、役割に注目を致したい。

妊婦と食生活

妊婦の健康上の理由から禁食とされている食べ物がある。

ごぼう、こんにゃく、そば切り等は腰が冷える。そばは冷えて流産するので過食を戒める。いか、たこ、芹、筍、春菊等は妊婦の血を荒らし胎児が下がる。流産する。だから禁食。柿、そば、鱒を食べると流産する。こんにゃくを食べると流産または弱い子が産まれる。

これらの食品はいずれも不消化のもの、アクの強い食品である。とうがらしも刺激が強い。

妊娠中、積極的に食べることをすすめる食品もある。

あわびを食べると目の質の良い子が産まれる。あわびの味噌汁を飲んでおく。あるいはナマズを食べておくと乳の出が良い。鹿の肉を食べると血の道に良い、安産する。

食べた方が良い食品は消化の良いもの、魚介類、海藻類、豆類、芋類等が多い。

熱いものを禁じた習俗は、熱、冷の二元論、二要素のバランスのとれた食物摂取を考えたもので、刺激のあるものを禁じ、消化の良いものを勧めている。

日本人の戦後の食生活は昭和二〇〜三〇年代は食糧難時代であった。

三〇〜四八年頃の高度経済成長期は、食生活革命期とも言え、五〇年以降は豊かな食三昧、飽食の時代となった。過剰の時代社会は価値観も変えた。食生活の乱れや栄養摂取の偏り、過剰エネルギー摂取により、肥満・メタボ・成人病が国民病となりつつある。

塩分の過剰摂取による高血圧、美食による血糖値の上昇、病気の併発等、生命を落とす人もいて、成人病の恐ろしいことも知られつつある。

カルシウム・鉄分不足は女性にも骨粗しょう症を発症させる。
欧米では最近日本型食生活が高く評価されている。生活習慣として食生活、運動、ダイエット、健康な生活が注目されている。

妊娠中の性生活

夫の浮気は妻の妊娠中によくある風潮である。つわりで苦しんでいる時、夫の浮気を知り詰問、浮気は男の甲斐性・美学である等の論理は通用せぬ。妻は離婚を決意するであろう。

妻の妊娠中、夫には不貞行為の禁止のみならず、禁忌（行ってはならぬ戒め）がある。妊娠後別居して分娩まで夫と交わりを持たぬと、生まれた子どもは立身出世するといういわれのある地方も存在する。

女性は腹帯を締めてから自然と夫と交わる気持ちがなくなる。しかし夫は理解し協力してくれたと語る妻もいる。

昔から、妊娠七、八カ月は子どもがお腹で大きくなる時なので夫は慎むべきである、五カ月までは交わってもよいが、七カ月、八カ月は子どもの育つ時なので夫と交わってはならぬ、子どもに害がある、流早産もある、と伝えられている。葬式に参加するのを忌むのと同じく、夫との性行為、交わりも戒めるべき行為となっている。安産のための伝承の智慧であろう。

女性は妊娠中、性欲が減退するらしい。夫は妻の妊娠中、性生活に不満を持つ者も多く、夫の浮気が夫婦の円満を欠く要因になることは間違いなさそうである。

夫も精進を求められるであろう。

肉やカロリーの高いもの、ニンニク等の精力源を控え、性欲を抑え、夫婦の危機を避けるべきであろう。

夫婦の絆、仲良く暮らせるか夫婦円満は夫婦二人の問題であろう。

妊婦の心得と胎教

良い音楽を聞く、偉人伝等の良い本を読む等、妊婦のかかわる事象が生児の身体に影響を与えるという。妊婦と胎児は一体のものとみている。胎児期がお腹の中ではあるが大切な子どもの生活期の一コマであることには間違いなさそうである。

胎児は母体や外界の刺激に反応を示す。七カ月目くらいより光の明暗に敏感になり音にも反応し始める。子宮内の胎児は、母体の下大動脈の血流音や母の声のリズムや抑揚を聞き慣れて馴染んでいく。妊娠期間中から母子相互作用が始まっている。妊婦がお腹の子に語り掛ける。胎児は安心感を覚え、母と子の絆を作っていく。

胎教の重要性は、医学的見地からも胎児医学として確認されている。新しい生命の継承者にマタニティ・コンサート等の働き掛けも見られる。妊婦のストレス解消も大切であろう。

胎教によって高いＩＱの子が産まれるとのエリート願望は時機尚早であろう。

分娩時の体位

分娩時、仰臥、横臥、立膝、いずれの体位が産みやすいか。仰向けに寝ている姿勢よりも座る姿勢が楽であったと語る経験者もいる。

自由な体位で好きなように自分の体の欲するままに自然にお産をしようというアクティブ・バースというイギリス中心に広まりを見せるお産の考え方は昔から日本にもあった。

介添役、産婆・助産婦

産婆さんは出産を助け産婦や生児の世話をする子どものとりあげを業とする婦人である。出産時に助けてくれる人、技術者である。主役の妊婦を助ける脇役である。

産道から胎児の頭が出て首に移ったら、赤ちゃんを受ける手の人差し指が頸椎に当たるように触れながら上から下へ滑らせていく。胸に移ったらその手で胸椎の状況を触診しながら先へ滑らせる。その手は腰椎の部分で止まり、その時赤ちゃんを受けてとりあげられたことになる。

巧みな手技により母子ともに楽な分娩やその後の健康が保障される。経験的に得られた技術であろう。

産婆から助産婦へ、分娩の場が産婦人科の施設内分娩へと変遷する中で、助産婦が分娩を助け妊婦、新生児の保健指導をすることが多くなった。看護学校卒業後六カ月以上の教育を受け国家試験に合格し免許証が与えられた助産婦たちである。

産婦、胎児主導型の分娩が行われず、操作的、人工的介入が多く行われる今日、助産婦の技術の根本的問い直しも必要かもしれない。優しく親切に、相談しやすい雰囲気、産婦に安心感を与え、安産に導く精神的な助産者が求められている。生まれくる子どもの生命のためにも産婆さん、助産婦さんの力は大きい。

人間誕生　ラマーズ法（夫の参加するお産）

最近は夫が出産の場に参加し、妻の出産の際、手を握って我が子の無事なる誕生を願うことが多々見られるようである。

昔は夫がいるとお産が重くなる、子どもの足が弱くなる、目が見えなくなるとタブー視する伝承もあった。

産婦のそばに生まれてくる児の父親である夫がいると心強さを感じる。父親になるという自覚を持つことが、子どもの生育にも重要な影響を与える。

男女間の結合だけでなく家、社会が承認して正式の夫婦と認められ、夫は妻と子が自らの妻、子であることを承認し生命をはぐくむ者としての自覚を持つ必要があり、夫の出産への参加は喜ばしいことであろう。

お産は人生であり、生き方であろう。

へその緒

無事出産が終わった後、胎盤を出し袋に入れて始末を依頼しているが、日本にはへその緒の乾燥したものを桐の箱に入れてとっておく習慣がある。筆者もタンスの中に保存し母親に見せられた思い出があるが、母の体内で生命を保っていた証《あかし》、へその緒は大切に保存されていた。

桐の箱の自分の生まれた時のへその緒が入っているのを見て、自分もへその緒をつけた赤ちゃんであったのかと、親子を繫ぐへその緒に感動をせぬ人はいないであろう。

生児が初めて入る産湯、肌に触れる水も清潔であるべきである。産湯につかる可愛い子どもを見て親の子に対する愛も深まる。

母乳をもらい、すくすくと育ち、名付け、出生届を経て一人の個人の誕生となろう。うちの子、村の子、国の子として昔は子どもは地域の中で育てられていた。

現代社会は科学主義、経済合理主義の価値観による社会である。それでも皆に祝われることによって、個としての子どもは社会的な存在となっていく。

人口増加政策にあって堕胎・間引き禁止政策も必要かもしれない。

第二項　日本が抱える深刻な課題

これからの日本にとって大きな障害となるのは、少子化と高齢化の同時進行によって起きる本格的な人口減少である。

今の低出生率の状態が今後も続けば、昨年時点で一億二七三〇万人の総人口は、二〇六〇年には八六七四万人まで減少し、その後も縮小傾向が続いてしまう。一方、二〇三〇年までに出生率が二・〇七まで回復し、その値が維持される場合では、二〇六〇年の人口は一億五四五万人となり、二〇九〇年代半ばには人口減少が止まるという。始まっている人口減少はもはや避けられないが、その減少幅は大きく抑えることが出来るであろう。

この目標を達成するには、日本社会を如何にして子どもを産み、育てやすい社会に変えていくかという一点に政策の的が絞られるであろう。都市部で深刻になっている待機児童問題の解決といったことに留まらず、低所得者対策や所得税の控除を含めた個人課税の改革に加え、多様な働き方を見据えた労働市場改革、男性や企業側の大幅な意識改革が必須となるはずである。

日本の子育て世代では、住居費や教育費を中心とした金銭面での負担感が極めて大きい。それを解決するためには、奨学金等を含めた教育費の負担の在り方だけでなく、より安価に居住できるような住宅市場への改革といったことも必要になろう。田舎には住みたい安い良質な家屋はあるが働く場所が少ない。

受けのよさそうな処方箋政策をむやみに並べるのではなく、的確にツボを押さえた実効性がある人口回復治療法の方が遥かに効き目がある。

子や孫にどういった日本を遺していくのか。我々はもっと真剣に考え抜いていくべき大切な時を迎えている。

厚生労働省が公表した二〇一三年の人口動態統計（概数）で、出生数が過去最少を更新した。経済界を中心に将来の労働力不足への懸念が募る人口減少問題、政府は「一億人維持」を目標に少子化対策に本腰を入れる構えで、自治体もさまざまな取り組みを展開するが、前途は多難であろう。

全国の自治体の半数が将来、消滅する可能性がある。有識者らでつくる「日本創成会議」の分科会が衝撃的な試算を発表した。地方から大都市への人口流出が現在のペースで続けば、三〇年間で二〇〜三〇代の女性が半分以下に減る市区町村が全体の四九・八％に上るとの内容である。

政府は人口減少問題に一体となって取り組むため、五〇年後に人口一億人程度を維持するとの目標を掲げる。

政府は、二〇六〇年に一億人の人口を保つには、三〇年までに合計特殊出生率を二・〇七に高める必要があると試算する。専門家は「達成は相当難しい」と机上論に懐疑的な見解を示す。

自治体も〝婚活〟や子育て支援に力を注ぐ。

秋田県は一一年度に婚活支援の「すこやかあきた出会い応援ウェブサイト」を開設した。登録した人に、男女が集うイベント情報を掲載したメールマガジンを無料配信している。男女を一対一で引き合わせるマッチング事業も展開し、ボランティアの「結婚サポーター」約二〇〇人が結婚相談に乗る。「効果は未知数だが、少しでも少子化に歯止めをかけたい」と願いを担当者は話す。

福井県は〇六年度から、第三子以降の三歳未満の子どもを対象に保育所の利用料を原則無料にしている。この事業が起爆剤になって子どもが増えればと期待する。

人口減少の加速によって市町村が消滅しかねない、少子化対策に本腰な県も、また無策と思われる県もあろう。

一三年に結婚したカップルは六六万五九四組と戦後最少で、未婚化や晩婚化は深刻である。政府は「結婚・妊娠・出産」への切れ目ない支援に力を入れ始めた。婚活支援や結婚相談、男性向けの妊娠・出産の知識啓発など、幅広い事業に使える地域少子化対策強化交付金を創設し、都道府県には四千万円、市区町村には八〇〇万円を上限に交付する。

政府の作業部会「少子化危機突破タスクフォース」は今年五月にまとめた提言で、出産や育児などに関する公費が国内総生産（ＧＤＰ）に占める比率を、現在の二倍の二％とするよう求めた。

結婚、出産を促すにはまず雇用の問題を解決すべきであり、非正規で働く男性が増える一方、女性は正社員との結婚を望んでいる。地方では働く場所がなく女性も都市部に出てしまう。こうした現実を踏まえ、非正規労働者の社会保障を見直すとともに、地方でも都市部でも子どもを持つ女性たちが働きやすい環境を整備することが大事であると専門家は提言する。

人口減少への有効な対策は

一、少子化対策の加速
a、待機児童解消へ保育所や学童保育拡充
b、男性の育児休業取得や子育て参加
c、第二子、第三子以降への手当や税制優遇
d、不妊治療への助成
二、労働力人口の減少食い止め
a、女性・高齢者の就労促進
b、外国人労働者の活用

であろう。

働きながら子どもを育てやすくするため待機児童解消を目指すとともに、第三子以降の出産・育児支援を打ち出す。

ただ、抜本対策にはほど遠いとの見方が多い。フランスやスウェーデンは予算でＧＤＰ比の三％相当を子育て支援に振り向けているが、日本は現状で一％程度にとどまる。フランスでは、第二子以降がいる家庭に育児休業の所得補償や家族手当を整え、税制上の優遇も手厚い。

政府の原案では、急激な人口減や少子高齢化社会への流れを、二〇二〇年をめどに変える必要があると指摘し、少子化対策に予算を重点配分するなどして出生率を高める方針を示している。第三子以降の子どもも産み育てやすいよう環境を整備し、女性の社会保障制度や配偶者控除などの税制の見直しにも取り組む。

繰返し述べるが日本の人口は出生率が回復しない場合、現在の約一億二七〇〇万人から六〇年には約八七〇〇万人まで減少する見通しで、人口減で労働力が不足すると経済成長や財政再建に悪影響を及ぼすため、対策が急務となっている。現代社会の問題点であろう。

出生率は微増一・四三 進む晩産、少子化

女性が生涯に産む子どもの推定人数を示す合計特殊出生率は一・四三%（平成二五年の人口動態調査）で、前年からわずかに上昇した。厚労省は主に三〇代の出生率上昇が影響していると分析する一方、出産世代の女性人口は年々減っており、今後も少子化は進むとみている。

出生率の一・四三は前年比〇・〇二ポイントアップと微増である。厚労省は晩婚、晩産

化による一時的な影響の表れとみている。

結婚したカップルは六六万五九四組（前年比八二七五組減）で、初婚の平均年齢は夫が三〇・九歳、妻が二九・三歳。離婚は二三万一三八四組（同四〇二二組減）であった。

人口増政策　育児奨励にとって命の誕生を阻む行為の存在

間引きの戒めが子育て論の第一歩

子宝社会思想の形成を

拙論少子化対策は、胎児をも一個の生命として見ていこうというライフサイクルにあっての生命観の提唱である。

歴史人口学の実証を見ると、「産むこと、出産」と「産まないこと、避妊、堕胎」の女性史が存在する。

堕胎・間引きが常習化した社会は、間引きにより人口停滞減少を起こす。日本では、明治初期に至るまで堕胎を犯罪視し処罰するという思想は存在せず、幕府が二、三の町触れを出して堕胎を禁止しようとすることはあったが、江戸という地域限定の取り締まりに過ぎなかった。

胎児も一つのかけがえのない生命、堕胎はその生存の否定であるという胎児観が重要で、堕胎・間引き禁止策が人口増政策には必要不可欠である。産んで大切に育てる三つ子の魂百までの教育の理想に関わる大切な子どもたちの生命でもある。

間引き教諭書、慣習化した間引き禁止の制度が日本社会崩壊の人口減、ストップ・ザ・少子化には必要ではなかろうか。

一六六七（寛文七）年堕胎禁止、一六八〇（延宝八）年には堕胎医の処罰が見られる。間引き防止子育て論、家の存続のための子産み子育て子孫繁栄論が根底にあったのではなかろうか。

正常分娩、異常分娩、障害児も二割を数えるという出産であるが、レイプ等やむを得ぬ中絶もあろう。昔は貧困ゆえの間引き・子殺しもあった。しかし豊かな時代の慣習としての中絶は子殺し、殺生であり、罪であることを現代人は知る必要がある。それは子どもの命を奪う殺人行為であろう。

人口推計総人口四年連続減少
人口推計

五年ごとの国勢調査の結果を基に、生まれた子どもの数から死亡者数を引いた「自然動態」や、入国者数から出国者数を引いた「社会動態」の増減などを加味して算出する総人口は、日本に三カ月以上滞在する外国人も含めて算出する。都道府県別は、自然増減に加え、転出入者数を反映させている。総務省は、一月一日時点の住民基本台帳を基にした人口動態調査もまとめている。このほか厚生労働省が、出生と死亡、結婚、離婚などに関する人口動態統計を年一回公表している。

総務省が二〇一五（平成二七）年四月一七日に発表した二〇一四年一〇月一日時点の人口推計によると、外国人を含む総人口は前年に比べ二一万五千人減の一億二七〇八万三千人となった。四年連続のマイナスで、ピークの〇八年から約一〇〇万人減った。四〇道府県で減少した一方、増加は埼玉、千葉、東京、神奈川、愛知、福岡、沖縄の七都県。増加率のトップは東京で、東京圏一極集中が一段と進んだ。

日本人だけでは、二七万三千人減の一億二五四三万一千人で、一九五〇年に現行基準で統計を取り始めて以降、最大の減少幅となった。

東京圏の増加率は〇・六八%。減少率が最も高かったのは秋田の一・二六%で、青森の一・〇八%、高知の〇・九六%が続いた。

埼玉、千葉、神奈川の三県を含めた東京圏の総人口は全体の二八・三％を占めた。総務省は「景気回復で、仕事を求めて地方から人口が流入している」。この状況に対し政府は「地方創生」を掲げ、東京一極集中を是正し、地方の人口減少に歯止めをかけたい考えだが、厳しい現状を突きつけられた形の人口減少問題である。

高齢化の進行も鮮明になった。六五歳以上は一一〇万二千人増の三三〇〇万人で、初めて一四歳以下の二倍を超えた。総人口に占める割合は二六・〇％となり、最高を更新。八人に一人が七五歳以上となった。

一方、労働力の中核となる一五〜六四歳は一一六万人減の七七八五万人、一四歳以下は一五万七千人減の一六二三万三千人だった。

また一九四五年八月一五日以降の「戦後生まれ」は、一億二〇三万四千人で総人口の八〇・三％となり、八割を初めて超えた。

子どもの数、三四年連続減

総務省が「こどもの日」に合わせて発表した平成二七年四月一日現在の最新版一五歳未満の子どもの推計人口は、前年より一六万人少ない一六一七万人だった。一九八二年から三四年連続の減少で、比較可能な五〇年以降の統計で過去最少を更新した。総人口に占める子どもの割合も〇・一ポイント低下の一二・七％で、四一年連続で低下した。

政府は少子化対策に取り組むが、現在のところ子どもの減少に歯止めがかからない状況にある。

男女別では男子が八二八万人、女子が七八八万人だった。三歳ごとに年齢を区切って集計すると「一二〜一四歳」が三四七万人で最も多く、年齢層が下がるほど少なくなり、「〇〜二歳」は三〇九万人だった。

都道府県別（昨年一〇月一日時点）にみると、子どもの数が前年より増えたのは東京（一万四千人増）だけで、福岡と沖縄は横ばい、四四道府県は減少した。減少数が最も多かったのは大阪（一万六千人減）であった。

子どもが人口に占める割合は沖縄（一七・五％）が最も多く、滋賀（一四・六％）が続いた。最も低いのは秋田（一〇・八％）であった。

少子化をどう止めて活気づく地域社会をつくるか。各地で模索が続くが、人口減少の最大の問題は生命軽視の悪習、中絶である。やむを得ぬ理由による母体保護法適用を否定はせぬが、年間二〇万人にも及ぶ中絶は、人口増を阻止する一要因であり、生命軽視の悪習になっている。この悪習の祟り、因果応報、報いなのか、中学生等青少年にまで殺人事件を起こすに及ぶ生命軽視社会となっている。

神仏、怨霊のする災い、祟り目にあう事件を目にするとき、家の格式、家柄、家風、生まれの善し悪しで人間を評価するのではなく、行いによって評価すべきであるという釈尊の言葉を思い起こす。

妊娠中絶を十回以上経験し、供養に訪れる若い男女に「健康を大切にしてね、産みたい時に産めなくなってしまうこともあるんだよ」と諭すが、中絶は生命を奪う、生存権を奪う殺人行為なのである。

胎児は誕生すればやがて人格を持った大人に成長する生命である。その略奪は少子化時代においては禁止すべき行為であろう。

事情があり、出産できぬ闇に葬られる子どもを社会が育てる。私生児も両親のもとで育つ子どもも、差別せず平等に育てる社会を実現すべきであり、フランスでは児童の半数を占めると言われる私生児やシングルマザーの養育する子どもも皆国の宝として大切に育て出生率二・〇を回復している。

医療技術の進歩には感謝すべきであるが、安全な中絶技術を持つ日本がアジアの「中絶大国」にならぬように「生命の尊さ」を基本理念とし、母体保護法の名の下に悪習となっている妊娠中絶の抜け道を閉じ、少子化社会のために出産を促すべきである。そしてその生まれた子どもを国の宝として社会が育てる政策制度の実現が望まれる。

この社会の生命軽視の風潮が、友人や親、第三者の殺害行為にも影響を及ぼす祟り、報いとなっている。生命への畏敬を基本信条、哲学とする成熟社会への転換を希望する。拙著『ストップ・ザ・少子化』（国書刊行会）に問題の所在を論述言及している。共に考えたい大切な問題である。

第三項　夢叶う人生行路を

専門学校の学校教育法第一条校・大学への昇格構想について

仮称　専門職業大学「国際友好専門職大学」「I．F．U」

専門学校の職業教育の社会評価の気運も高まり、医療スタッフの技術知識の向上を目的に、専門学校等の学校教育法第一条校への昇格「専門職業大学」（中教審）案が公表された。

筆者の運営する阿弥陀寺教育学園は長年、大学構想の夢を持ち実現を願っているが、中教審、国の施策専門職業大学構想により学園創設四〇周年を機会に本格的検討をすることになる。

専門学校は国からの私学助成制度のない学校である。企業からは各分野の専門人材の養成を求める声が多く、政府の教育再生実行会議は昨年六月より、高い水準で職業教育を行う教育機関を創設するよう提言をした。

職業に必要な知識や技能を育成する高等教育機関の在り方を検討している文科省の有識者会議は、二〇一五年三月一八日、「専門職業大学」等の名称で新たな大学の類型を設け、国の助成対象とする報告をまとめた。中教審で最終的な制度設計を固める。修業年限は二～四年とし、学位も授与する。

社会のニーズは多様化し、学校での職業教育の充実が必要と中教審は報告、体系的な教育課程、教員数、校舎についての一定の基準を満たした学校を大学の類型として認める考えを提示した。

それが「専門職業大学」「専門職大学」案、構想である。

政府は、産業競争力会議の会合を開き経済成長に向けた人材育成策を示した。企業のニーズに合わせた職業教育を行う専門職大学を創設。来年度にも関連法を改正、法整備をし二〇一九年度の開校を目指す。既存の四大や短大、専門学校から新教育機関へ移行を認める方針という。

私学である当学園の建学の精神

一、生命への畏敬　生きて会う喜び、世界の友達
二、お世話になった人に心から有難うと言える感謝の心を持った人物の育成
三、国際交流・親善、共に生きる社会・共生、地域社会、国際社会への貢献
四、人をおもいやるやさしい心のある人物を育てる
五、我らの人生には夢あり希望あり、夢に生きる念願成就の人生行路を不退転で進もう
六、夢の叶う学園、子供・学生たちのコミュニティ笑顔広場
七、異文化　日本文化、仏教文化の理解・教養・学習

学園の歴史

阿弥陀寺教育学園は開園当初、あみだ寺立能満幼稚舎として、お寺経営の幼、保育園であった。学校法人化推進という国の方針もあり、学園の基盤作り八年を経て機が熟し、寺からの寄贈もあって「学校法人阿弥陀寺教育学園　能満幼稚園」（定員一七〇名）が昭和六一年三月、誕生した。その後姉妹園、ちはら台幼稚園、ちはら台まきぞの幼稚園（宇野学園）、おゆみ野南幼稚園（同）の誕生となり、少子化と思えない程今日も賑やかな子どもの声が聞こえる。

一九九八（平成一〇）年、千葉県唯一の厚生省（当時）救急救命士養成校「国際医療福祉専門学校」救急救命学科が誕生した。今日千名以上の卒業生が救命活動人員として救急隊にて活躍中である。

運よく救急車で一命をとりとめ救命されても後遺症に苦しむ人もあり、その回復のためにはリハビリテーションが必要ということで、理学療法士の育成学科がその後誕生し、現在もセラピストの育成に努力し続けている。

その後、石川県七尾市に救急救命士、理学作業療法士、作業療法士、介護福祉士の養成校が誕生し、岩手県一関市に一関校、救急救命学科、理学療法学科大東校舎が誕生している。

学園は「夢叶う学園」として国家資格取得、就職と夢実現に向かって学生を指導し、努力中であるが、教育の「質の確保・向上」が課題であることは文科省の指摘する通りである。

当学園としては、大学構想の夢実現のため、七尾市、一関市にも協力を依頼中で、地域としての歓迎の意を拝聴している。千葉校については、県内近隣市町村の誘致及び学園校舎の増設充実を含めて検討中であり、現実的課題の克服も求められるであろう。

学校関係者の間で二〇一八年問題が危惧されている。文部科学省の「大学基本調査」によれば、一八歳人口が二〇一八年から再び減少し、大学淘汰の時代がやってくるという。

当学園では、こうした学生数の減少に対応するため、基本方針として学園のグローバル化を推進している。国際友好を趣旨として留学生、とくに増加傾向にある東南アジアの仏教徒を定員の二分の一まで受け入れるというものである。日本語学校で学んだ留学生を受け入れることによって恒久的に学生数を保ち、安定した学校経営が可能であることを示したい。

専門職大学構想　夢

現在の国際医療福祉専門学校 千葉浜野校 ｜ 七尾校 ｜ 一関校 1　救急救命学科　々　々 ２年制80名 ｜ ３年制40名 ｜ ２年制40名 学科名を救命消防スポーツ学科に変更し授業に消防防災教育を加える ドローン有効活用による山岳人命救助ＡＥＤ、薬輸送研究を進める	一条校化大学構想（案） 職業専門大学 国際友好大学　International friendship UNIV.「IFU」 総合医療職学部　Medical professional worker training department 救命消防スポーツ学専攻 ３年制　80名
2　a理学療法学科　３年制　40名 b作業療法学科　40名（七尾校）	リハビリテーション学科 理学療法専攻　３年制　40名 作業療法専攻　３年制　40名
3　新国際福祉カレッジ 介護福祉学科　40名 四街道校より千葉浜野校への移転を考える	臨床福祉学科　２年制 介護福祉学専攻　80名
4　歯科衛生士学科　千葉校 ３年制　40名　平成28年開科希望	歯科衛生学科　３年制　40名 生活技術日本仏教教養学科　80名 日本語の学習　日本語２級目標 日本人は英検１級　トーイック700点目標 国際ツーリズム観光ライセンス等も取得 仏教文化生活技術の学習、就労

第四節　人間の心得

第一項　二一世紀人命軽視社会のゆくえ

二一世紀の私たちの住む現代社会は一体どんな社会であろうか。成熟社会、高度な資本主義社会の二一世紀の今日、日本の若者の生命軽視の傾向、殺人事件が隣の町やすぐそこの生活圏で発生、そういう顕著な社会現象が多々見られるようになった。心配である。虫けらを殺すように友人や女性、父母を殺す殺人事件、犯罪が起きている。お金が大切である、経済がすべてであるという社会の風潮の光と影であろうか。時として生きる権利（生存権）や人権の無視を政治権力者が平然と行う職権乱用社会――。

夢を奪われた人生行路の犠牲者は、歎いても悔しさは止まらないであろう。共に生きることと、思いやりの欠如した物質偏重の経済重視社会、世直しが求められている。欠陥のある狂った時代、いつ、どこで殺人事件があっても不思議ではない現代病理社会。怨念、恨みが骨髄に徹する社会であろうか。

経済繁栄国家はよいとして、その光と影のある社会、一言でいうと生命軽視の社会の到来と言えるのではなかろうか。

最近の小中学生に及ぶ苛《いじ》めや犯罪、度重なる殺人事件を思う時、日本社会の行方は大丈夫なのだろうかと少々心配になる。一番大切にしなければならぬ祖父母、父母、兄弟、友人、同窓生等を虫けらの如く殺害し、人に殺させたり残虐極まりない行為に平然と及ぶのである。昔から殺人事件が無かったわけではない。しかし今日のように小中学、高校生にまで人命を粗末に扱う殺傷事件が日々起こると、何とかせねばならぬと子どもや孫の時代を憂うのである。

小中高校生の友人いじめや虐待、少数としても父母に依る子どもの虐待、子どもによる高齢父母や弱者への虐待等、虐待事件も増加し、予防できないかの如き社会状況にある。暴力事件も減少傾向にはないであろう。

このような人命を大切にせぬ若者をつくり出す社会の世直し、命を大切にする倫理教科の導入をと改善が提言されるが、犯罪防止効果が望める状況にはないであろう。

全国で青少年の殺人事件が拡大している。一体どうしたらよいのだろうかというのが拙論の視点である。

アヒンサー（不殺生）の社会生活倫理を一人一人の生活者に理解してもらい、命の尊さに覚醒してもらうのに最も効果の見られるのが救命蘇生教育である。

救命日本一を願い日本全国の自治体が競う。国家の生命尊重思想の実現環境が整えば、日本は文字通り世界一安全な住みよい国になるであろう。

昔は世界一安全な国家日本と言われた。今日もそうであると望みたいが、それは昔話のように思える。法治国家日本の今日の世相は、生命の略奪、殺人が多々見られ、必ずしも世界一安全と言えない悲しむべき社会となってきているであろう。

生命重視の視点から日本の再生を考える必要があろう。地球より重いといわれる人命救助の思想・教育・啓蒙実践である。

小中高の学校教育現場にあって救命教育の大切さは言うまでもないが、村、町全ての生活者の救命教育の充実は「救命教育センター」の設置活動によって推進されるであろう。

「救命政党日本」の提言

今日本に何が必要か。筆者としては「救命政党日本」を提言したい。なぜかというと、救命教育センターを設置して、子供たちに救命蘇生法を体験させるのである。心ある善意の子供はもちろんのこと、殺人を犯すような、殺意ある心が大きくなる前にその人の手を救命の心をもつ救いの手へ変革するのである。

さらに「救命塾」をつくり「救命政策研究会」に政治家も父兄も一般市民も参加してもらう。命を大切にする社会運動を地域から全国に展開すべきである。

平成一〇年、厚労省救急救命士養成校千葉校を開校以来、既に千名以上の卒業生を輩出し、救急救命士が消防署等の救急隊で活躍している。消防署の日々の救命活動は多忙を極める。そこで救急救命学科のある「国医専」浜野校に「救命塾」を設置し、市議、県議、国会議員、市町村長に命の教育実践の必要性を理解してもらい、広く参加を求めて、救命政策研究を通して「救命日本一」の地域社会を目指す啓蒙高揚を図る。この企画構想が「救命政党日本」の立ち上げ提言である。人命を大切にする心ある若者の思想や人格が形成されて優しい心の持ち主が育成されるならば、人々を思いやる心を持つ一人一人の青少年、人格者が人命救助に活躍することになるであろう。

女犯の罪、不倫や、女性問題の歴史は人類史にあろう。警察官や僧侶、医師が殺人事件を起こし話題になる二一世紀という時代社会、末世もここまできている。この日本の行方を思う時、救命日本一の街、ＹＥＳ　ＷＥ　ＣＡＮと生命を大切にする現実社会を望まずにはいられない。

救命を反対する人はいないであろう。小中高校における救命蘇生教育が地域社会の青少年の犯罪防止に成果を上げることは間違いないであろう。

大乗仏教という仏教文化、歴史のある日本にあって、その大乗仏教史の真髄を尋ねると、「衆生済度《しゅじょうさいど》　利他行《りたぎょう》」即ち諸人の救済という精神がある。

よき師法然上人開祖の浄土宗の本尊は、座像の阿弥陀如来である。台座に座しての衆生救済仏である。ところが本願寺の本尊阿弥陀如来は立像であり、衆生済度、救済に立ち上がったお姿である。右足を一歩前に出し右手を上にかかげ、人々を救おうと立ち上がった姿である。ここに利他行、衆生済度に立ち上がった大乗仏教による諸人の救いという誓願仏の姿があろう。

衆生という仏教語は生存するもの、命あるもの、生きとし生けるもの、多くの人々、仲間たちという意味である。有情《うじょう》ともいう。情識（こころ）を持つ生き物である人間。生命を持ち存在するもの、草木山河は無感覚であり、非情、無情であるが、感情や意識、心を持つ生き物を有情という。

済度の済は救済、度は度脱。即ち人々を救済すること、済他、他の人々を救うことである。救う者は救済者、救護者であり、世の人々を救済する慈悲深い救世観音もよく知られているであろう。

見て見ぬふり、目の前の心肺停止の人や患者を救わず知らんぷりするのではなく、救いの手を差し伸べる。衆生済度に立ち上がった阿弥陀如来の心にて救いを施すのである。あらゆる人、諸人をというところに大乗仏教精神がある。

現代仏教はお葬式仏教といわれ、とかく批判にさらされているが、仏教の真髄、根本精神を表す救命教育の実践によって、仏教も蘇生し息を吹き返すであろう。

救命政党を提言する背景にはこの救命思想及び実践がある。

親鸞精神、蓮如さんの心をもって社会教化活動を考える時、自ずと救命政策、救命政党日本の提言ということになる。

「救命政党日本」の推薦を受けた議員さんが救命政策を公の場で語る時、かつての犯罪の少ない安全な日本という名誉回復に向かうであろう。

アヒンサー思想の高揚、生存権、人権重視の救命日本一社会を目指して、各市町村の人々が立ち上がる時を迎えている。

ドローンによるＡＥＤ薬物搬送も、こうした市民社会に救命の大切さを理解して頂く企画構想であることを記憶して頂きたい。

第二項　人間社会とモラル

今年（二〇一五年五月）、名古屋大学在学中の女子学生（一九歳）が「人を殺してみたかった」「遂にやった」と殺人罪で警察に逮捕された。「子どもの頃から殺意を抱いていた」と平然と語るこの殺人願望の女子学生を「正常な人間」と見ることにはいささか躊躇を覚える。問題は学力に優れた一人の学生の「人間としての心」の欠如、社会に生きる者としての倫理観の無さである。学力は優秀である。しかし人間としての基本が喪失され無形成であるという点に問題があろう。

人間とは、人と人との間柄であり、人間社会には人と人とが共に生きる共生が理念にあろう。仏教のアヒンサー「不殺生」思想は、命のあるのは人間だけでなく、魚類、犬、猫、自然の生物、草木等万般にも命の存在を認めている。日々の食料としての魚や肉や野菜の獲得は、人間の命をつなぐための必要悪であり仕方がないとしても、放生をすすめ乱獲は戒めている。不殺生は、生きる人間同士の相手を傷つけたり命を奪ったり殺害することを厳しく禁じ、思いやりのある人間関係の和・親和力、即ち仲良き人間関係を提言する。相手の人間や、人間としての尊厳を十分認めて共に笑顔で生活することの大切さを諭している。つまり人は学力だけに優れていれば良いのではなく、人柄、モラル、思いやりの心が求められている。

倫理、道徳は人の踏み行うべき道、大切な人倫の道である。社会の成員相互間の行為（行い）を規制するものとしての個人の内面的な規範である。

殺人を犯した女子学生は「神様は悪ふざけで自分を作ったとしか思えない」という。そして、子どもの頃から殺人願望を抱いていたという発言等から推測すれば、家庭には仏壇もなく心を育成する通常の仏教徒の生活でもなく、勉強、勉強と、豊かな心の育成なしに育った人間ではなかったか。

日本人の精神史として仏教信仰史があり、仏教徒としての根本条件に三宝帰依がある。三宝とは仏、法、僧であり、仏とその教えと僧伽（信徒の集い）の三つの宝にまごころを捧げる、信じ頼る、依りどころとする信仰を意味する。

この世に命を頂き誕生した意味が理解できていない。

三宝帰依は次のような文である。

人身受け難し、今すでに受く。仏法聞き難し、今すでに聞く。この身今世において度せずんば、さらにいずれの生においてかこの身を度せん。大衆もろともに、至心に三宝に帰依し奉るべし。

自ら仏に帰依し奉る。まさに願わくは衆生とともに、大道を体解《たいげ》して、無上意を発さん。

自ら法に帰依し奉る。まさに願わくは衆生とともに、深く経蔵《きょうぞう》に入りて、智慧海のごとくならん。

自ら僧に帰依し奉る。まさに願わくは衆生とともに、大衆を統理《とうり》して、一切無碍《むげ》ならん。

無上甚深微妙の法は、百千万劫にも遭遇《あいお》うこと難し。我いま見聞し受持することを得たり。願わくは如来の真実義を解し奉らん。

初めの「人の身受け難し」という文にまず注目をしたい。私たちが、人間に生まれ人の身を頂いたことは、よほどのご縁であると諭す。鰐やアルパカや犬や猫に生まれても不思議ではない。前世で祖先が徳を積んだお蔭もあって、人の身を頂いた、こう考える。生物学的にも、母体に宿る際、何千万、何億という精子の中で一番目に到達した精子が母親の母体に宿ることをいつかＮＨＫの教育テレビで見たが、生命誕生の不思議を感じずにはいられない。

母が望んで生まれてきた筆者は未熟児であり、大切に育てられ小学校六年生の時に挙母（現在の豊田）市健康優良児第一位であった。親の願いの中に育てられてきた思いがする。人の身も受け難いが、一番弱い生き物である人間の子どもは、父母の養育のお蔭で命を保ち今日の生存、生活がある。父母のお育てのお蔭でありご恩に感謝している。

その受け難い人身を受けた私たちである。まずそのことを知らねばなるまい。人間として大切な心である。

仏法聞き難し

人に生まれることも難しいが、仏法を聞くこともよほどの縁であると、仏法に巡りあったこと、遠く宿縁を喜ぶべきであろう。この身が今のこの世で救われなかったならば、いずれの世にてこの身を度脱することができるであろうか、と、三宝に帰依することを奨める。

よく「私たちには良心がある」といわれる。良心とは正邪・善悪を判断し善行をなそうとする心、道徳心を意味する。正善を意識し邪悪を退けようとする心であり、他の人に関わろうとするものである。倫理学は、道徳法則への尊敬、道徳的価値を認め、国家社会の成員として必要な道徳性を涵養するため、人間教育、道徳教育を強調している。

人間は、本性として生まれつき仁・義が備わっているとして、それに基づく政治を主張した孟子《もうし》の性善説に対して、荀子《じゅんし》は性悪説、人間の本性は悪であるとして礼法による秩序維持が大切であると説いた。

人間性善説を信知できないのは、警察官が不倫相手に別れ話を持ち出し「職場や妻に知らせる」と言われたため殺害し隠ぺいを行ったことがあった。それを見ても、悪い人間がいるなと歎かざるを得ない。人倫に反する行為、正義道徳や法律に反する良くないこと、好ましくないことは悪として取り扱われる。

罪は、神の禁忌を犯した報いを受けるべき凶事である。行いによって受ける罰であり、法律上の刑罰を科せられる不法行為である。無慈悲な思いやりのない犯罪を行う。人間にはその人の背負っている罪業がある。

罪業は人間としての罪の行為である。特に身・口・意の三業によって作られる業（行為）がある。

悪業は好ましくない果を招く一切の行為である。㈠生き物を殺すこと、㈡盗むこと、㈢男女間の淫らな行為、㈣偽りを言うこと、㈤人の間を割く言葉、㈥粗暴な言葉、㈦言葉を飾ること、㈧貪り、㈨怒り、㈩偏見である。

人には自身の行為（業）、悪業によって連れていかれる「悪趣」という場所があるといわれる。

いじめや虐待、詐欺、全ての犯罪行為には身・口・意業が関わっている。身業は個人の身体でなす悪の行い、触である。人間は、身体でなす様々な悪い行為、業を行う。口業は語業ともいい、言語的行為である。犬や猫にはない人間のみにある言葉でする悪い行いがあり、言葉のよくない影響力もある。妄語（嘘を言うこと。偽りの言葉、虚偽、偽りの文言）、両舌（陰口、人をそしる言葉、人の仲を裂く言葉、二枚舌）、悪口（人を悩ます言葉、荒々しい言葉）、綺《き》語《ご》（悪い冗談、口から出まかせのいい加減な言葉）もあろう。

求道心　聞思の道

「仏さまは見ています」という意識が大切である。人間という生き物は、人間以上の超越的なあるもの、神・仏が不在であると敬虔な姿を保てない。「仏さまは見ています」という意識、信仰心が通常の謙虚な生活には大切である。

家に仏壇があり、祖父母、先祖が安置されているという家の過去仏の崇敬心によって現在と未来への展望が思索できるであろう。仏の存在、その崇敬心その前において人は大切なことに気付く。お世話になった身近な人たちの養育の御恩感謝の心も自ずと育ち目覚めるはずである。

人の身受け難し、今すでに受く、この身を今世において度せずんば、いずれの生、世にてこの身を救うことができるであろうか。この文言に受け難い人身を頂き、今あるこの身の今世の課題が明示されているであろう。この身は自我、主我性の世界である。

人間は、根源的煩悩を持つ存在である。煩悩、自己保全の意識、自我意識の殻の中にて我らはこの殻の内側に生きている。根本煩悩、貪・瞋・痴を持っている。貪はむさぼること、欲深いことである。貪愛、貪欲ともいう。瞋は自分の心に逆らうものを怒り、恨むことである。瞋恚《しんに》の炎は、炎の燃え立つような激しい怒り、恨み、憎しむ。痴は愚かなこと、愚かな者、男女間の色情をいう。根本的真理を知らない愚痴、無明である。人間の持つ根本的な煩悩、貪・瞋・痴は、三毒の煩悩と仏教は、人間は煩悩を持っているから判断を誤るという。

求道は私の心自体を問題にしていく。この私が目覚め殻から抜け出て広大な智慧の世界に覚醒する道である。

仏教を聞いていくと、心身一如の存在、心を問題とするようになる。だんだん深まって親心、大慈大悲の光に照らされる。道が開け白道の上を進む。苦を抜き楽を与える浄土往生の道である。死んでから往生するのではない。この世で浄土、苦の無い楽土、極楽に往生する道である。

親鸞聖人は「如来の作願をたづぬれば　苦悩の有情をすてずして　廻向を首としたまいて　大悲心をば成就せり」と「正像末和讃」にて苦悩の有情をすてずに摂取不捨の仏、阿弥陀如来、計り知れない命の仏の存在、宗教的境遇を明らかにする。本当の私に目が覚め、照らされている摂取不捨の深い愛情、如来の働きかけを感知する。

如来は、このようにしたら行ける、このようにしたら来られると無碍の光を放って道を照らす。光明無量、アミターバ、南無不可思議光如来の御慈悲、親心の有難さに感激、感謝し号泣する。如来のまごころが人間に届いて人間のまごころになり、我らの可能な道に信が生まれる。その信が私の成長となり、仏道が成就していく。無碍光如来、不可称、不可説、不可思議な光に影護され、私たちの願いが叶う。念願成就の人生が実現する。念ずる人のその願いを聞き、願いが強ければ強いほど願いを叶えてくれる。不退転の努力の精神が夢を叶えてくれる。如来の加被力が加わる。一意専心、専修念仏の道を先達は諭す。あれもこれもではなく、一途に道標に向かう。目的達成に易しい道、近道があると智慧、経験智を示し諭す。諸行を嫌う。諸々の雑行を振り捨てること、わき見をせず希望の道、一道に専念することが大切であると願いを叶える真実道を知らす。学んだ甲斐があったと歓喜できる。喜びに満ちた人生に巡りあうであろう。

手

私たちの体には左右の肩から指先に至る二本の手がある。働き手、働く人にはこの手は重要な手であり、筆を持ち書くのにも、楽器の演奏や囲碁、将棋、台所での料理、食事の際のスプーンやフォーク、箸を持ち食事をとるのにも、手話にも、この二本の手は必要不可欠な大切な手であることに間違いはないであろう。もし二本ずつの手足がなかったら、生活は不自由極まりないであろう。「手が有る」という日本語は、手腕、方策がある、手腕が優れていることを意味する。

日頃有難さも感じず動かし続けている私たちの自分の手足は、行為をとることを決意しそれを生起させ持続させる心的機能「意志」と密接な関係があり、思慮し選択して決行する脳と関係もあろう。

知・情・意と関連がある。知は知ること、情は物事を感じて起こる心の働きであり、思いやり、情け、情愛も情である。意は心、心の働き、思考活動一般、抽象的な知覚能力をいい、意識活動の中心である大脳（平均一三〇〇グラム）からの指令によって行動、動きが生ずるであろう。

その誰にでもある二本の手は、使いようによっては人を助ける手にもなる。人を救うことのできる手である。人の首を絞めて殺人をする手にもなる。

最近は虫けらを殺すように簡単に人の命を奪うことに手を使う人が多いことに驚くが、毎日のように殺人事件が報じられ、人命救助をして表彰される美談の記事は希と思えるほどである。手を殺人に使う人が増えている。猛獣同然の人命軽視行為であろう。私たちの手は、大切なことにも、またよろしくないことにも自由自在に使うことができるのである。「諸々の悪はなすなかれ、諸々の善は奉行せよ。自らその意を浄くする、これ諸仏の教えなり」

過去七仏が共通に戒めとした「七仏通戒の偈」であり、仏教は結局のところこの一偈に帰するといわれている。専門職者の倫理も、専門職者の体面を崩さないという心得も「諸々の善は奉行せよ、悪はなすなかれ」という戒めの教訓に終始するのであり、自分の行ったことは自分の身の上にふりかかってくる自業自得の人生論である。人々に尊敬される人として活躍するか、一生を棒に振るかの選択は、脳の働き、大脳に依存しているともいえるであろう。

人間としての心得、社会生活の倫理、人倫の道の尊さを諭している。

人生の出発点

初心の人にすすめる七深心（真実の理法を求める心）がある。

㈠決定して　㈡自心を建立して　㈢教えに順じて　㈣行を修す

㈠　これをやり抜こうという決心をして、
㈡　自心で我が心を打ち立てる。続けていこう、この道をやり抜くぞという強い判断、決心を持ち、
㈢　よき師、よき友、よき教えに順じていく。よき師（知識、技術、人間の心得をよき師、師匠より学ぶ）、よき友を持つこと（悪友に近づかぬ）、よき教え（仏教の真髄を学ぶこと）である。
㈣　実行するものをもつ

深心は「深く信ずる」と読む。深い信仰を意味する。理論的理解を条件とせず信ずる心である。ひとえに阿弥陀仏を信ずることと親鸞は語る。

「継続は力なり」といわれるように、続けること、つまり前の状態、活動が続くことである。不退転の決意をもって初心を忘れず貫くことである。精神一到何事か成らざらん。精神を集中して事に当たれば、いかなる難事でも成功しないことはない。朱熹の文である。寝ても覚めても命のあらん限り念ずることが大切である。

修行努力して得た地位を失ってもとの下位に転落する人もいる。過信して衰え廃れる。中絶もある。転げ落ちる。おちぶれる人や家庭、富んでいた人が貧乏になることもある。

堕落する。横道に逸れ精進を怠れば、貧乏神はすぐ入り込む。

幸せの女神も微笑む。一途に努力する人を見捨てない観音様や諸仏もいらっしゃる。科学者は笑うかもしれないが、因果律に違いはない。信仰心のある人には影が形を離れぬように仏の加被力《かびりょく》が加わる。仏のご加護《かご》があろう。

不見三宝の人

人には捨てるべき世界がある。不見三宝の人生観である。不見とは見ずを意味する。三宝を見たてまつらず、「仏を見ず」「教法（釈尊の説いた教え、仏教の教義）を聞かず」「菩薩（自利利他の行を成就し悟りを求めて修行する人）声聞（仏の説法を聞いて悟る人）聖衆（極楽浄土の諸菩薩）を見ず」ということであろう。

「篤く三宝を敬え。三宝とは仏・法・僧なりと」聖徳太子は深く仏教に帰依し摂政政治を行い、冠位十二階、憲法十七条を制定、多くの寺院を建立、仏教興隆に力を尽くされた。「常に仏を見たてまつらず」は、仏さまは見ていますという存在意識、即ち如来の前に立とうとしない。「教法を聞かず」は教えに照らされない。「菩薩、声聞、聖衆を見ず」は、よき師、よき友を避け近づかない。従って親近（親しみを抱く）、恭敬（つつしみ敬う）、供養（菩提を弔う）ができない。自己中心の驕慢心（人を軽視し侮る）のため理性（真偽、善悪を識別する能力）中心の殻の中に生き、自力の計らいをして仏智の不思議を信じない。如来を信じず、無視し、仏智疑惑の無信仰状態である。

仏智を疑う罪業は、昔から長い人生行路の過去に積み重ねてきた悪業の累積を根本としている。つまらぬこと、いっそのこと消しゴムで消してしまいたいような、なぜあのようなことをしてしまったのであろうと、煩悩に惑迷しての罪業が思い浮かぶ。人間としての智慧や才覚、計らい、現象に振り回され自己判断を持って煩悩具足の凡夫としての惑見に随っていた。如来の光に心の闇が照らされて私の罪業に目覚め、自分の不見三宝、愚かさが分かってくる。光に照らされて懺悔の念に駆られる。申し訳ないという懺悔の心である。

無慚（罪を犯しながら自ら心に恥じない）無愧（他人に対して恥じず世間を顧みず暴悪を働こうとする心）のこの身であり、まことの心のない、かくのごとく我らに覚醒、本当の自分に気付く。如来の光明に照らされて如来のまごころ、超越的或るものの慈悲心、親心が人間の上に届いて人間のまごころになっていく。

如来は如より来生して我らのために働きかける。その働きは尽十方無碍光如来の働きであり、無碍の光を放って照らす光明無量、本願の名号の徳であろう。

「弥陀廻向の御名なれば　功徳は十方にみちたもう」（『唯信鈔文意』）その不可思議の智慧、仏のみ名、如来の尊号、智慧の名号、念仏を信受して憶念すれば観音勢至は必ず影の形にそえるが如くなり。願力自然に真如の門、十八願に転入していく。如来の本願に帰す。南無阿弥陀仏は「働き」である。法身如来、方便法身である。法身は働きをあらわす。名号とは真実功徳である。功徳は悪を減らす功と善を増す力、徳がある。我らを摂め取る働き、それが法身であり念仏である。無量の光明、アミターバが我らを照らす。そして如来の無量の寿命、アミターユスに気付く。

恩知らず

恩を受けて報いることを知らない人を「恩知らずの人」といい、恩を受けて報いない人をののしって恩盗人ともいう。親等の恵み、慈愛を有難く思う。恩に着るというが、恩返しをしないばかりか、「恩を仇を以て返す人間」もいる。ご恩を厚く蒙っておりながら、ご恩を思わない恩知らずの人は、自己中心に終わって感謝の念を持たない。

無間地獄に堕ちる最も重い罪悪に五逆罪がある。母を殺す・父を殺す・阿羅漢《あらかん》を殺す・僧の和合を破る・仏身を傷つける。この五つを犯すことは無間業、重罪であると戒める。

育てて頂いた母を殺害する子ども、息子の事件等が現代社会に報じられるが、更には謗法、仏の教えを誹謗することも無間の業因であり、大罪であると禁止する。誹謗《ひぼう》とはそしること、悪口をいうことである。

時代は五濁悪世、末世である。恩知らずは犬、猫に劣る人と評価されざるを得ぬであろう。知恩報恩《ちおんほうおん》の人生でありたいと素直に思うに違いない。

第三項　仏教入門の心得

仏教とは何か
和を以て貴しと為す

五九四（推古二）年、「仏法興隆の詔《みことのり》」を発し仏教を国政の根本理念に据え、日本最初の憲法『一七条憲法』をつくり、国の形、国家のあるべき姿を成立したのは聖徳太子（五七四〜六二二）である。親鸞聖人は太子を和国の教主、日本仏教の始祖としている。

日本の古代史には豪族間の激しい勢力争いがあった。天皇家の宗教的権威によって調停され、やがて天皇を中心として統一された律令国家へと発展していく時代社会であった。仏教という先進思想を導入するかどうかという政策論争も絡まり、賛成派・蘇我と反対派・物部が激しく対立し、凄惨な戦争を経て蘇我氏が勝者として政治的権力を確立する。

大義名分があっても、戦争は人間の殺し合いである。戦いの後には、貧困と焼け野原と化した街の惨状が残るのはいつの時代も一緒である。

聖徳太子は『一七条の憲法』の冒頭に「和」という高い理想の決意を抱き、生涯貫く。摂政になった五九四年二〇歳の年、青年太子は三宝興隆《さんぽうこうりゅう》の詔《みことのり》「仏教国教化宣言」をし、仏教を国の理想とすることに成功した。即ち仏教を通じて「和」という理想を実現すること、和敬を目標とし、戦争の無い国、和国の実現に道標があった。

日本仏教の夜明けにあって、国家百年の大計といわんよりは、千年の大計として「和を以て貴しと為す」という「和」の精神、大乗仏教の心、理想が、一七条憲法によって宣言されたのである。

原文

一《いち》に曰《いわ》く、和《わ》をもって貴《とおと》しとなし、忤《さから》うことなきを宗《むね》とせよ。人《ひと》みな黨《とう》あり。また達《さと》れる者《ものすく》少なし。ここをもって、あるいは君父《くんぶ》に順《したが》わず。また隣里《りんり》に違《たが》う。しかれども、上和《かみやわら》ぎ、下睦《しもむつ》びて、論《あげつら》うに諧《かな》うときは、事理《じり》おのずから通《つう》ず。何事《なにごと》か成《な》らざらん。

現代語訳

第一条　平和を最も大切にし、抗争しないことを規範とせよ。人間には党派心というものがあり、また覚っている者は少ない。そのために、リーダーや親に従わず、近隣同士で争いを起こすことになってしまう。だが、上も下も和らいで睦まじく、問題を話し合えるなら、自然に事実と真理が一致する。そうすれば、実現できないことは何もない。

（『聖徳太子「十七条憲法」を読む　日本の理想』岡野守也　大法輪閣　参照）

篤敬三宝

日本仏教の夜明けは、聖徳太子の仏教導入に始まる。聖徳太子の『一七条憲法』第二条の「篤敬三宝」（篤く三宝を敬え）の精神は、信（信ずる人）の仏教として日本人の心に信仰心の大切さを開示したと言えよう。平安時代の伝教大師の仏教は「発心の仏教」として展開され、鎌倉時代の法然上人の仏教は「廻心」（賜りたる信心）を中心問題として日本仏教史は発展する。親鸞聖人の末法史観による仏教は、求道による仏教の本質の探究、領解《りょうげ》、納得を求める真実の仏教であった。

仏教の一番基礎的な三宝帰依の心は、仏・法・僧の三宝を一体とする。「人の身受け難し」親から賜りたる人間の生命の大切さの自覚が最初に求められる。そして「仏法聞き難し」道すでにあり。此岸から彼岸へ渡るべし。この道を尋ね行けと、仏法聴聞、聞思の重要性が開示される。その結果「この身今世での救い」が約束される。それは即ち「大乗仏教の救済論」の歴史的展開とも言えるであろう。

鎌倉時代に至り、道元、栄西、日蓮、法然等の祖師たちが巷で活躍をする。

伝統的な仏教、古い枠の中で考えられていた仏教思想や山岳仏教、既存化された「旧仏教」の社会は新しい時代を迎える。疎外され、見捨てられ、差別された市井の人々の救いを重要とする思想が登場する。比叡山の僧侶も仏教の修行を積むと建前で称しながら、本当はあまり修行に専心せず、俗世の栄達、出世や名誉欲に関わり、救いようのない堕落した状態であった。

武家階級が起こり、戦乱の世は絶え間なく続く。疫病も流行、食べるものにも事欠く。農業耕作技術も乏しく時々飢饉も起こり、大勢の人が命を落とす時代社会であった。学問のある裕福な階級の人々はともあれ、苦難に悩む一般の庶民は、このような世の中でよいのだろうか、という悩みを抱え「厭離穢土《おんりえど》　欣求浄土《ごんぐじょうど》」の願い希望を持っていた。その大衆に仏教はどう答えたらよいのか。

見て見ぬふりの旧仏教の社会生活にあって、このような生き難い現世に生きていることはどんな意味があるのか。伝統的仏教は、これらの庶民の窮状や悩みを理解せず知らん顔である。法然・親鸞の仏教との差異は、「人悩む故にわれ悩む」という庶民の痛みを感じ取り、そこに救済道を展開した点にあったのではなかろうか。

「いし・かわら・礫《つぶて》のごとくなるわれら」、聖人君主《せいじんくんしゅ》ではなく「具縛《ぐばく》の凡愚、屠沽の下類」といわれる凡夫が、人間であることの確かな頷きをもとに一生懸命に生きている。これらの世の底辺の人々の救いとは一体何なのか、具体的にどうなることなのか。人非人《にんぴにん》（人に非ず）と扱われ差別された人々をどう救済したらよいか。親鸞聖人はこの視座にて救済論を展開したと私観できる。

親鸞聖人の仏教は、人間の罪障性、有限性、罪悪生死の凡夫の救われる道の教学的・哲学的基礎、信知の自覚内容を明示された仏教と言えるであろう。

「自身は現に罪悪生死の凡夫である」と告白、久遠劫《くおんごう》より今まで流転せる苦悩の旧里にあって、浄土願生の問いによって人生の探究を開始される。

不治の病や親しき者の死別等が人生苦悩の経験知となる。人生の意味は一体何なのか。それは生き物としての人間の宗教的要求であろうが、人生に悩むことにおいて「人間であることの自覚」を得るであろう。現世の我らのこの身に問題の所在があった。「人の身受け難し」人として生まれこの世に投げ出された者として、人として生きていくという出発点、一大事があった。

この身は「欲も多く、いかり、腹立ち、そねみ、ねたむ心多くひまなし」。つまり我らの存在は流転の生に他ならない。生きる意義も命の尊さも全く確かめることのできない無自覚な生き方、永劫の無明（無知）に流転する我らである。このような流転の生をあるがままに自覚して、日々新たな人生の意義と力とを感ぜしめるもの、それは「仏教との出会い」による大切な心の旅路、叡智との遭遇のお蔭であろう。「寿命甚だ得難く、仏世亦値い難し」。つまり仏法聞き難し、人として生まれた真の誕生の意義は「法を聞いて能く忘れず、見て敬い、得て大いに慶ばば、則ち我が善き親友なり」（『大無量寿経』巻下）と言われるように、まさに仏法そのものとの出会い、巡りあいに極まると考えられた。我々の流転の生は「欲《よく》生《しょう》我国《がこく》」において甦り、真の人間誕生物語になる。

忘れていたものを揺り動かし、起こさせる目覚め、覚醒。「寿命甚だ得難し」信を得ることはなかなか難しいが、更に人間に生まれるということは容易なことではない。虎やライオン、犬や猫に生まれても不思議なことではなかろう。「人の身受け難し、今已に受く」。このことは求道心を得て智慧を頂いて初めてわかることでもあった。

親鸞の仏教は、赤裸の人間として、欺瞞の仮面を取ることによって既成仏教に見られぬ新仏教の誕生の顕現となる。それまでの仏教の歴史伝統に対して、その価値の転換を迫る。いかに生きるか、宗教的実存の確立を迫る。

世は名利欲、権勢欲を核とした人間に溢れ「諸寺の釈門、教えに昏くして真仮の門戸を知らず」と、親鸞は宗教界や知識階級に対して厳しい目で世相を批判し告白する。人々は不断に日常的な世俗の中に埋没してゆく。没主体的な自己存在、出離の縁あること無し。煩悩は断滅できるのかと、煩悩超克の問題を宗教的課題としたのである。

われらは凡夫なり

「凡夫というは、無明《むみょう》、煩悩われらが身にみちみちて、欲もおおく、いかり、はらだち、

それみ、ねたむ心おおく、ひまなくして、臨終の一念に至るまで、とどまらずきえず、たえず……」（一念多念文意）

欲も多く（欲張り）怒り（角が立つ）腹立ち（癪に障る）嫉《そね》み（羨む）妬《ねた》む（悔しい）心が多く留まらず、消えず、絶えず。

人間である限り、煩悩そのものを離れることができない。人間が身体的、精神的存在である限り、我らは煩悩を断ずることは不可能である。

鎌倉仏教においては、煩悩はもはや人間から除去できないものとして、人間存在そのものの在り方であるとして考えられるに至った。

煩悩を断滅したところに果としての悟りを開顕するという「断惑証理《だんわくしょうり》」の考え方を鎌倉仏教は採らなかった。

仏教では、煩悩の在り方として六種の根本煩悩が挙げられている。

貪《とん》（むさぼり、欲深いこと）、瞋恚《しんに》（怒り）、痴《ち》（愚か、男女間の色情、根本真理を知らない、無明、愚痴）。人間の身体性に基づく三毒の煩悩である慢《まん》、疑《ぎ》、悪見《あくけん》は、人間の理性的自我の在り方である。慢は思いあがって人をあなどることである。疑は疑うこと、怪しむこと。悪見は見解、思想、主義、主張、邪見等、自己の思想を最上とする見解、自力（自分の力）をたのみ本願を疑う見解である。理性的自我の迷妄である。

理性は人間と動物とを区別する、真偽、善悪を識別する能力、実践的に感性的欲求に左右されず思慮的に行動する能力である。人間は、認識・感情・意思の主体、自我意識を持つ。人間の理性、自我が心を迷わす。物事の道理に暗く、実体のないものを真実のように思い込む。理性的自我を固執する。驕慢とも言える愚かさ、驕り侮る。得意になって思い上がる。そして相手を軽く見てばかにする。見くびる。慢心が煩悩具足の我らの凡夫性を否定する。ここに主我性という人間の罪があろう。

救済しようとする仏願力があるが、それを聞信することを否定して、仏の慈悲に反発して願力に背く。如来の本願力に反発する心は、自己の理性的我に執われ迷わされている。自己を高しとする我執、理性的自我に固執する。仏願力を否定し救済にも反発する。自己の限界を知らずに自己を過信することで理性の驕慢が生じ、仏願力を遮り、宗教的罪をはらむことになる。信仰の門に立ちながら驕慢の我執が起こる。自己の愚悪性に目醒め、凡夫的自覚に立ち、愚痴《ぐち》にかえることにおいて愚に目醒め、謙虚な心にて仏教の智慧を尋ね聞くことができるようになる。邪見、驕慢、無知のため、仏の大悲を受持することができない。自己の力を依り処とし、自己を過信するところに仏願力を拒否し、他力の信を否定する態度が生まれる。

慢という自己過信は、疑の煩悩と結びつく驕慢の致すところであり、それが本願力への疑惑となって現れる。

「仏智疑惑のつみにより
懈慢《けまん》辺地にとまるなり
疑惑のつみのふかきゆえ
年歳劫数《ねんさいこうしゅ》をふるととく」

「仏智うたがう罪深し
この心おもいしるならば
くゆる心をむねとして
仏智の不思議をたのむべし」

（親鸞作『正像末和讃』）

赤裸の人間の真実、嘘偽りのない凡愚性を内観し、自らを愚禿親鸞と名告り、我らを救済する仏教を生涯をかけて示された。

親鸞聖人は、結婚をし子どもにも恵まれた。律令国家の「僧尼令」は肉食妻帯を戒律によって禁止している。仏教修行を妨げる行為として「女性に近づくな、触れるな」と清僧であることを大切なこととしていた。

救われざる業障《ごうしょう》深き女性の救いを弥陀観音大勢至は約束されている。修行も必要とせず、念仏一つで老若男女、女性も全ての人が救われると説く法然門下の説法は、良からぬ教えとして旧仏教の弾圧の対象となった。

救いの構造

無自覚な私たちの人生は、信仰心を得て初めて生を得るという重要性を悟ることになるであろう。

信を獲るということは、時機純熟《じきじゅんじゅく》、時機到来、機が熟することが必要となろう。

親鸞聖人には、親鸞聖人独自の信仰理解として繰り返し言及した「願心《がんしん》の廻向成就《えこうじょうじゅ》の信心」という表現がある。インドの高僧、世親菩薩の「願生偈《がんしょうげ》」の表白に「世尊よ、我一心に、尽十方無碍光如来に帰命し、安楽国に生まれんと願ず」（釈尊よ、私は心を一つにして、疑うことのできない光、阿弥陀如来に帰命、五体投地し、苦の全くない楽土、極楽に生まれることを願う）とある。

自己の力を頼むのは仏に対して疑いを懐いている心情である。阿弥陀仏を真の依り処とせず「畢竟依《ひっきょうえ》」として信頼せず、少しでも自身の心があってはならない。

他力廻向《たりきえこう》の信心とは、仏から与えられた疑いのない純信の心、信仰心である。「至心に廻向したまえり」と親鸞聖人は読み、仏から廻施されることと解された。

真実の心というのは、仏のみにある。その仏の真実の心を我らに映写して下さる。仏力が我らに廻向して下さる。お与え下さる。仏の方より与え賜う信心、他力廻向の、凡夫の力を加えることのできない、計らいのない信仰である。本願が成就して我らに移り、仏の安心が我らの安心となる。

この廻向とは「主体性に目覚めること」、主体性の自覚であり、主体性を賜ったそれが廻向心であろう。

「即得往生住不退転《そくとくおうじょうじゅうふたいてん》」と経文には示されている。

「彼の国に生ぜんと願ずれば、即ち往生を得、不退転に住する」とある。信仰心によって往生の約束が定まり、今までにない永遠の世界が開けて新しい信仰生活が始まる。無明の闇が晴れて一つの明るい光に照らされた世界が開け、新しい信仰心のある生活が始まる。

親鸞聖人の語る「不躰失往生《ふたいしつおうじょう》」は、「躰失往生《たいしつおうじょう》」（命終わって往生する）とちがい、命の終わらぬ時に、生きているうちに往生、往き生まれる。宿善の厚薄もあろうが、私たちの肉体が焼骨にならぬ間に業事成弁《ごうじじょうべん》（浄土に生まれる為の原因が完成）すれば、命終わらずして往生するという、現生不退位である。

親鸞聖人に至って初めて、来迎を拝む臨終往生でなく、平生業成《へいぜいごうじょう》、現生不退《げんしょうふたい》ということを明白に弟子や庶民に語られた。

平生に摂取する。平生のうちに私たちは摂取の光、如来の親心の光の中に摂《おさ》め取られている。形には影があるが、影と形のように護られている。肉眼では見ることができないが、心の眼で見ることができる。臨終に来迎があって初めてお助けにあずかる来迎往生ではなく、死んでしまってからの話ではない。生きている現在の中に信仰心を得て、今世にて助かる可能性があると諭す。

智慧の名号

救いの構造、廻向論《えこうろん》は、無限なる光明に照らされてある自分を見出す。即ち光の発見である。本願成就の阿弥陀に値遇する。忘れていたものを思いおこさせる目覚めでもある。廻向心ともいう。廻向には二種あり、ひとつには往相《おうそう》、ふたつには還相《げんそう》である。『教行信証』の四法、本願力廻向である。

親鸞聖人晩年の作『浄土文類聚鈔《じょうどもんるいじゅしょう》』は略文類ともいわれ、『教行信証』を圧縮したような内容である。「本願力の廻向に二種の相有り。一には往相、二には還相なり。一に「往相廻向」といふは、往相について大行有り、又浄信有り。かの国に生まれんと願ずれば、即ち往生を得、不退転に住せん」。いかなる者も皆救うという本願力信仰である。本願成就「聞」が成立、そして信心歓喜「信」が成就、称名念仏「称」が成就して住不退転と、生きている間に往生浄土の道が開けてくる。南無阿弥陀仏の廻向、南無阿弥陀仏が私に届く。それと受け取った。それが聞其名号《もんごみょうごう》である。その名号が我が身を貫くところに生まれるものを信といい、信心歓喜という。

「ただ念仏して」と法然上人は、ただ念仏して往生浄土の道、仏法は聴聞に極まるという。弥陀にたすけまいらすべし。大無量寿経は「聞思《もんし》の宗教」であり、聞いて開いていく信仰の構造、聞・信・称となっている。称がないと南無阿弥陀仏が出てこない。「誓願不思議と

信じ又名号を不思議と一念信じとなえつる上はなんじょうわがはからいをいたすべき」(『末灯鈔』九)

「弥陀の本願と申すは名号をとなえんものをば極樂へむかえんとちかわせたまいたるをふかく信じてとなうるがめでたきことにてそうろうなり。信心ありとも、名号をとなえざらんは詮なく候また、一向、名号をとなうとも、信心あさくは、往生しがたくそうろう」(『末灯鈔』一二) 詮なき候は、役に立たないという意味である。

往相は往生浄土の相《すがた》であり、浄土に生まれることである。

「廻向というは、弥陀如来の衆生の御たすけをいうなり」(『蓮如御一代聞書』)

阿弥陀如来の御助け、救済は「廻向」という一事に尽きる。廻向は「賜る」「与えられる」「頂く」ことを意味する。

如来廻向の信は、主体性の自覚である。賜りたる主体性であり、本願を信ずる廻向心であろう。

大乗の教え、浄土三部経の『大経』を中心とし、本願の教えを貫く、それが私の依り処である。如は働き、法をいう。全てのものを成り立たせるその根源の働き、ダルマ、道理、真理が私に届く。

「諸仏の護念証誠は　悲願成就のゆえなれば　金剛心をえんひとは　弥陀の大恩報ずべし」

（『浄土和讃』弥陀経意）

廻向の宗教、往相廻向の働きにより南無阿弥陀仏の信心の人が誕生する。往生浄土は自利、還相は利他である。煩悩の林に遊んで仏法を広めていきたい、伝えていきたい。それは願力の自然、即ち如来の働き、自然の働きであろう。

生死度脱の道

人生は果たして生きるに値するか。それが痩せたソクラテスと言われた愚生の思春期の哲学的思惟、人生の一大テーマであった。

独生独死、命あるものはすべて、生まれてくる時も、死ぬ時も、ひとりである。特に独死、死ぬ時は誰でも一人であること。生命あふれる青春の日々にあって、死ぬこと、生命が無くなる無常観に悩んだ。

生死の一大事、生死一如の人生を脱して悟りの彼岸に到る道は無いかと思索探究した。実存主義に若者が傾注した時代で、アルベール・カミュ著『シジフォスの神話』『ペスト』等の著述に、人生の根幹である生きる意味の探究、その回答を求めたものであった。

神は死んだと語るニーチェは、ニヒリズムにて人間の生存と無意味さを主張した。ニヒリズムとは何か。至高の価値が無価値となること。己の生を生き耐えるに足る究極的な支え（価値意識）無しには人は到底生き得ないであろう。若き日々は、自死の決断をしかねない危険な崖っぷちにいたかのような心境であった。

人間固有の存在を合理化し得ない単独者の実存として擁護したデンマークの生んだ哲学者ゼーレン・キルケゴールの主著『死に至る病』や『誘惑者の日記』レギーネ・オルセンとの恋愛語り等に、人生は果たして生きるに値するか、生きる意味を問いかけた。死に至る病とは、絶望に他ならない。人々が絶望の何であるかを意識し、それを深化し克服して新しい自己に目覚め生きること。人間は真の主体性を喪失し始め、空虚な主体となっている。

無神論的な実存主義思想と言われたハイデッガーは「死への存在」と不安を述べ、我々は有限な「死への存在」であり、根底は無であると『存在と時間』を著した。精神病理学から哲学に入ったカール・ヤスパースは『世界観の心理学』にて、死に直面した人間の状況を「限界状況」という有名な概念を導入、関心を持った。

若き日の根本テーマ哲学的解決の課題は、生老病死の人生、独生独死の私たちの人生行路の生死度脱の叡智の探究であった。それがために生き、それがためなら死ぬことのできるようなイデーを求めて、東洋的思惟としての仏教に即入《じきにゅう》していった。限りある人生においてアイデンティティの形成、本当に生涯をかけて行いたいこと、その発見、主体性の覚醒に課題があった。

生き方を教える仏教人間学に一意専心傾注したのは一九歳の頃であったと思う。法然、親鸞、蓮如の人間学に生死超克の叡智、正覚の道を与えられた。

人間の肉体が死を迎えることは「自然」であり、自ずからそうなっているそれ自身の法則に則ってそのようになっている。全てのものがそのあるがままの姿においてそのまま永遠の真理に適っている。行者のはからいにあらず、如来のちかいにてあるがゆえに「法爾《ほうに》」という。人間が命終を迎えるのは自然の摂理であり法則である。潮の満ち引き、東から太陽が昇り夕陽となって西に沈む法則と同じで、自己の見解に執着、とらわれてはならない。

親鸞は、往生は生の終末臨終に決定されるものでなく、平生業成である。平生業成とは「ただ信心を得る時往生定まるなり」そこに往生が決定するから臨終来迎の思想は不来迎《ふらいごう》の談、平生業成の心行獲得の信仰人として正定聚に住すること、その「宗教的実存」によって救済され、必ず滅度《めつど》に至る。「善信が身には臨終の善悪をばもうさず、信心決定の人は疑いなければ正定聚に住することにて候なり」(『末灯鈔』)
仏果を得ると定まった人たち、真実信心を得た人たちの「正定聚位《しょうじょうじゅ》」を明らかにし、不退転の決意の重要性を諭し臨終往生を止揚したのが親鸞であったと言える。親鸞の仏教人間学に生きる糧を見出せたのであった。

第四項　夢叶う学問事始め

初心忘るべからず

念願成就の人生の出発点に当たって、夢を実現するために大切な学問事始めのいろはがある。最初に心に決めたこと(original intention)、初心ということである。

「初心忘る可からず」習い始めた時の気持ちを忘れてはいけない。志した時の意気込みや謙虚さを常に失わないように貫かねばならないという格言である。

この格言は、私たちに大切な生きる糧、人生の姿勢を諭している。

人生の道標、目標を持つこと

夢実現に向かって思いを強め、一心不乱に一意専心すること

精神一到何事か成らざらん。精神、心を込めて努力すれば、どんなに難しいことでもできると、物事の根本となる、大切な意義、思想、目的、気力の重要性を諭している。人間には肉体と精神、心が備わっている。「心身一如」の人間存在が東洋思想では語られる。健康な体、体力も重要である。体力だけでなく意気込みが大切であると精神力の影響、その存在を諭している。

人生論や哲学では、知性や理性の働きを基とした、目的を意識しての能力、その生命力を「精神」として語る。目標に向かうその根本に心の働きは「精神」「気」である。

気を楽にする。気を締める（気の緩みを無くして心を物事に集中させる）等と、気の存在の重要性を示し、気を入れる（本気になって取り組む）、取り組めば事は成就する。夢は実現する。人生の開花結実、可能性は現実化すると語る。

気力、強い精神力、元気さ気迫がみなぎる、意気込みの大切さを語る。

気が滅入ることもあろう。気力がなくなる、退屈することもあるかもしれない。気が進

まない、気乗りせぬ日々もあろう。そんな時は気を取り直して頑張る。気を養い初心を忘れず、人生訓、格言を思い出し初心を貫く人生行路を進んでほしいとの願いである。最初は全体像が見えないであろう。それが自然である。尤もである。しかし学習するうちに、気がつけば全体像が見え理解できるようになっている。学習の成果である。学習する意義である。

大切なのは自己主張でなく、聞く耳を持つことである。

自己愛ナルシシズムや利己主義、俺が俺がの自分中心ではなく、自我、自分の殻の中に閉じ籠り聞く耳を持たぬ蝸牛人間ではなく、聞く耳を持ち、聞いたことをよく理解する姿勢こそ称賛する。

聞く耳を持たぬ人は理解力がない。真実を聞き入れ、智慧を身につけることができない。音楽を聴く、市民の声を聞く、先生の話をよく聞く。そして理解を深める。ここに勝者の道があろう。

きちっと授業に出席し、皆勤賞、精勤賞、一字一句を聞き逃さず、よく聴聞する。聞こうとせぬ、耳を貸さない人、耳を塞ぐ人は合格点まで向上できない宿命にある。耳を傾け耳を澄ます。よく聴いて理解するその姿勢が何よりも大切であろう。

独り善がり、自分だけでよいと思い込み、人の考えを聞き入れない。一人合点の人も世の中には居るが、正確に聴聞し、理解し、実践に移すことが重要であろう。「聞くは一時の恥、聞かぬは末代の恥」分からぬことを尋ねず過ごすと、後々の世まで語り伝えられるような大きな恥をかくという格言もある。

アイデンティティの形成

ロボット人間ではなく高度な万物の霊長といわれる私たち人間は、生き甲斐や生きる意味を喪失したままでは大器を晩成できないであろう。自分の行いたいこと、生涯をかけて行う願望、道標、即ち生きる糧、アイデンティティの形成が青年期には重要である。決定するまでのモラトリアム、猶予《ゆうよ》期間、行いたいことを思索もし発見するまで苦悩する。人は悩む。悩むことによって成長する。目標を発見するに至れば、積極的に一途に生きることができる。アイデンティティ形成不全が引きこもりや社会病理現象を発生させることは自明であり、本当の自分の発見、行いたいこと、アイデンティティ形成の道の発見がその人の人生を充実したものへと大きく左右するであろう。

医師になりたい。僧侶になりたい。救急救命士になりたい。理学療法士になりたい。このような夢の発見、そして夢叶う道を進み夢叶うまで初心を貫くことが何よりも大切であることを先達の格言が諭している。

思春期には「アイデンティティの形成」という課題があり、本当の自分のやりたいこと、行いたいことの発見・形成が三つ子の魂百までの幼児期から繋がる青年期の大切な精神、心の問題となるであろう。

それがために生き、それがために死ぬことのできる大切なイデーを見つけたら、人生は喜びに満ち充実した人生行路となり、積極的に生きる知恵に生かされることになるであろう。

目標への思いが強ければ強いほど、念願は成就する。夢を叶えるのには努力が不可欠であり、花は咲き実は成る。自然の法則、道理の諭すところであり、大切にしたい事柄である。

専門職者の倫理について

倫理等と聞くと、堅苦しくて嫌だなぁと思う。しかし社会生活をする人間には、人として踏み行うべき道、人倫の道があり、決まりがある。やって良いこと、やってはいけないこと、人の踏み行うべき正しい道、道徳がある。

孤島に生きるロビンソン・クルーソーや可愛い犬猫、動物たちには人倫の道、倫理道徳はない。人の上に立つ専門職者には特に倫理が求められる。殺人がなぜいけないのか。泥棒をしてはなぜよろしくないのか。詐欺、なぜ人を騙してはいけないのか。

仏陀はそのような疑問に答えるため、五つの戒め、五戒を在家信者の守るべき事として諭した。ここでもう一度五戒を確認するが、次の五つである。

一、不殺生　生き物を殺さないこと
二、不偸盗　盗みをしないこと
三、不邪淫　男女の間を乱さないこと、妻以外、夫以外と交わらないこと
四、不妄語　嘘をつかないこと
五、不飲酒　酒を飲まないこと

仏教に帰依した者が守るべき行い、道徳としての五戒は、僧伽入門に当たり自らに課する戒めとして禁制し、「悪い行いをしない」という誓いをたてた。しっかり繰り返し身につけること、自発的な心の働きである、戒、他律的な規範、止悪修行の原理、律を規範とした。

僧伽のみならず、今日の一般社会においても
一、殺人、動物の殺生等むやみやたらに生き物を殺生せぬこと
二、盗みをせぬこと
三、不倫は家庭不和、崩壊の原因となること
四、嘘をつく、人の悪口を言うこと
五、お酒はほどほどに。暴飲暴食・飽食は健康を害するし、時としてお酒は致命的な失敗を招き、転落人生を誘導する。間違いを起こすので、不飲酒、飲まない方が無難であると戒める。

最近、中学生、青少年にまで人命を軽視する殺人事件が発生し、末世の現代社会の光景が多々見られる。

五つの重罪、五逆罪
一、母を殺すこと
二、父を殺すこと
お育て頂いた父母にありがとう、ご恩に感謝報恩の心を持つ、それが人間の本来の心得

であろうが、両親を殺害する人面獣心《じんめんじゅうしん》の人もいる。顔は人間であるが犬猫、猛獣にも劣る恩義を知らない残虐な行為をする。

三、聖者、阿羅漢を殺す

四、仏の身体を傷つけ出血させること

お寺、重要文化財を傷つけたり仏像を盗んだりは、無間地獄へ堕ちる罪、最も重い逆罪である。そのことに気付いて、行いを慎むこと

五、教団の和合一致を破壊し分裂させること

最も重い無間業地獄堕ちの重罪である。

末の世には心無き無信仰の人も現れる。篤信の人も大勢いるが、時は末世である。五逆罪も近頃多々見られる。一般社会においても犯罪とされる重罪である。

さて、このような憂国の末世を私たちはどう考え対処したらよいのだろうか。

私たちは、人々と共に社会生活を営んでいる。孤島で一人暮らしをするロビンソン・クルーソーではない。「共に生きる社会」共生社会として、人間の尊厳の中に互いに尊敬し合い、和を尊び、仲良く楽しく暮らしたいと皆が願っているであろう。

にも関わらず、傷つけ合ったり、不和を生じたり、生存競争のある人間社会は、理念通

りになかなかいかないことが多いであろう。

基本はお互いに尊敬し合い、協力し合い、共に笑顔で暮らせる社会の形成を願うべきであろう。

一言で言えば、思いやりのある社会である。一人一人の命を尊び、生命への畏敬を信条として人々に思いやりの心にて接する。そのようにお互いが暮らしたら、住みよい社会、笑顔のある社会生活になるであろう。

仏陀の「七仏通戒偈《しちぶつつうかいげ》」

「諸悪莫作《しょあくまくさ》　修《しゅう》（諸《しょ》）善奉行《ぜんぶぎょう》　自浄其意《じしょうごい》　是諸仏教《ぜしょぶっきょう》」

諸々の悪をなすことなく、諸々の善をなして心を清くせよ。これが諸仏の教えである。楽しく生活をするのには悪いことをせぬことである、と社会生活の規範教訓を示した。

この背景には、私たちが自業自得の道理で知られる因果応報《いんがおうほう》の思想があろう。

自らの業（行い）によって自らその果報（結果）を受ける。自ら作った善悪の業によって自ら苦楽の果報を受ける。よきにつけ悪しきにつけ、自分の行為の報いを自分が受ける。自分でしでかしたことだから悪い報いを得てもやむを得ないという自業自得果《じごうじとくか》の道理である。

因果の法則とも言う。原因と結果の関係である。原因があれば必ず結果があり、結果があれば必ず原因があるというのが因果の法則である。善悪の行為には必ずその報いがあるという道理である。全てのものを因果の法則が支配し、善因には善果（楽果）、悪因には悪果（苦果）が必ずあるという因果応報の正しい見解、人生観である。

因果関係、因果応報の理法が社会生活の根本にあるのに、因果応報の理法は存在しないと考えてそれを無視し否定する、法治国家においては刑務所で暮らすことにもなりかねない自業自得果の人たちである。

社会生活思いやりの心　社会貢献

第二次世界大戦の時、ユダヤ人嫌いのヒトラーはガス室にてユダヤ人の大量殺人を行った。多くのユダヤ人はガス室に入る前に人生の終焉を迎えた。

『夜と霧』の著者、ユダヤ人のフランクルは、迫りくる死を面前にして「生きる意味とは何か」一瞬考えた。死を面前にしての問いである。

人のために生きること、そこに人生の意義を見出した。それ以外に生きる意味は見出せなかった。

仏陀の言葉には「抜苦与楽《ばっくよらく》」という思想があろう。人々の苦しみを抜いて楽を与える与楽であろう。

行利他、利他行である。人々を利益すること、救うこと、他の人々が利せられる利他は、親鸞の言う他力のことである。奉仕精神にてサービスを施し、人々から感謝される。感謝されるところに奉仕の心、生きる喜び、やりがいがあり、存在の意義がある。

この地域社会への奉仕の心が大切である。

今地域社会はどんな問題を抱えているか。私たちは今何をなすべきか。自分の分け前、もらい分、分配を先に考える自己利益中心主義ではない。人々への貢献、地域社会への思いがどれほど成就し役に立てたか。感謝の言葉、喜びに仕事師としての目標設定もあろう。人の役に立つためには研鑽して実力を身につけねばならない。社会貢献のためには専門性のある技術も必要であろう。

救命蘇生、リハビリテーション機能回復訓練、高齢社会の高齢者介護は、生活者にとっての専門的な技術であると同時に、社会貢献としても大きな意義があり地域社会の人々への役立ちがテーマとなろう。そういう意味で学生生活の勉強には、かけがえのない尊いものがある。

初心忘るべからず。諸君に与える先達の叡智、遺訓である。

第五項　煩悩具足の凡夫の救済道

煩悩超克道・救済解脱の人間学

音楽にクラシックとジャズがあるように、仏教修行者の道には「自力聖道門」と「他力浄土門」の二類型があろう。聖道門は法相・三論・天台・真言等自力で悟りを得ようとする修行の道であり、仏の智慧（般若）を得る竪出《じゅしゅつ》の道と言えよう。

竪出とは自力聖道門の歴劫修行《りゃっこうしゅぎょう》によって悟りを開く教えのことである。一方、他力浄土門は阿弥陀仏の本願力廻向、願いによる廻向、つまり他に向いていた心を浄土の方に向ける、心を翻して仏教に向かう、仏の教えによって正しい道、真実信心を得る廻向発願心である。

即ち阿弥陀仏の本願（誓い）を信じ念仏して浄土往生を願う、誰にでもたやすく行える仏教修行の道、易行道であると言えよう。一足飛びに煩悩を断って浄土に往生する横超の道である。

前者、自力聖道門は解脱道、後者、他力浄土門は救済道と言えるであろう。難行道、易行道とも言う。釈尊が生涯にわたって説いた数多の対機説法、応病与薬の経典を教義内容、意味から分類して体系づけ、価値等に言及する「教相判釈《きょうそうはんじゃく》」は、自己の宗義こそ仏の真意を把握したものとし、各宗の教義理論の特徴とし、宗派成立の重要な意味を担う。真言宗の顕密二教十住心、浄土宗の聖道二道、真宗の二双四重の教判等はそれである。

法然は専修念仏の主唱者であり、専修念仏の教義を示した『選択本願念仏集』は浄土教独立宣言の書として「南無阿弥陀仏、往生の業には念仏を本と為す」と浄土往生の易行道を説いた。自力作善の人は、自力の心を翻すことによってひとしく本願他力によって救われると、他力浄土門、易行道、廻向の自然道を明示した。

親鸞は法然上人を善き人と仰ぎ、晩年の著『愚禿鈔《ぐとくしょう》』にて「二双四重の教判」を著している。

大乗の教えに一、頓教《とんきょう》 二、漸教《ぜんきょう》の二教があると『愚禿鈔（上）』に親鸞は語る。

頓教の頓は、速やかに、ただちにの意味である。一定の段階をふまず直接的・飛躍的に悟りに到達する教えである。長期にわたる修行を積まないですぐさま成仏できると説く。

- 漸教
  - 難行道　聖道門―法相・三論―竪出
    - 聖道歴劫
    - 修行の証
  - 易行道　浄土門―一般浄土教―横出
    - 浄土胎宮辺
    - 懈慢の往生地

- 頓教
  - 難行道　聖道門―仏心・真言／法華・華厳―竪超―即身是仏、即身成仏等の証果
  - 易行道　浄土門―浄土真宗―横超―選択本願真実報土即得往生

初めからいきなり深い道理を説く。

漸教とは、順序をふんで暫定的に長い間の修行を積んだ後に、悟りに至ることを説く教えである。易しい教え、浅い内容から深い内容へと説き進め、次第に深奥な教えに進み入らせる法門である。

修行方法として、自力聖道門は発菩提心《ほつぼだいしん》、求道心を出発点として立志の意識に立脚して一日一善を修養風に積み上げる。物事のその理を究めて進む。自己修養の成果を積み上げる。自己向上の修行型であろう。修行の態度は菩提心を積み上げて仏果に達し得ると聞法修行の功を積む。これが聖道門の修行の型である。

さまざまな功徳行を修する「修諸功徳《しゅうしょくどく》」（第一九願）も、結果としてすぐれた果をもたらす諸々の善根を植える「植諸徳本《じきしょとくほん》」（第二〇願）も仏果へ連続せず、成仏のためには如来の廻向、救いを仰がねばならなくなる。積み上げた積善の分量ではなく、質的転回をし、救われざる者が救われたと、仏の本願を感ずる感応道交《かんのうどうこう》の世界に至る。

人間と生まれて求道の志を棄て去るわけにはいかず、さりとてその志を成し遂げられうる望みもない。この一切苦悩の有様を見て種々の方策を案じ、救いの道が開け、如来の大悲心、本願力に乗じての転回が第一九願から二〇願、そして第一八願の三願転入《さんがんてんにゅう》となる。

自力の聖道門「万行諸善《まんぎょうしょぜん》の仮門」より第二の念仏一途の「善本徳本《ぜんぽんとくほん》の真門」方便の真門に入り、第三の唯信の一念「選択《せんじゃく》の願海《がんかい》」に入る。自力の心を翻し、本願他力によって救われる三願転入の道、論理である。

助からぬ者が助かった。どうにも仕方のなかった者の救済が現前し、まことに不思議であり不可称不可説である。人間理性の限界内における認識の立場を超えた「義《ぎ》なきを義《ぎ》」と信知する立場になる。

「ただ不思議と信じつる上は兎角の御計あるべからず候」(『末灯鈔』)

信頼する師匠の師教のお蔭である。法然上人は「浄土宗の人は愚者になりて往生す」と、一文不知の尼入道の類が「尊やありがたや」と申すのを聞いて、「たとい百万の法蔵を知っても後世を知らぬ人を愚者とし、一文不知の尼入道でも後世を知るを智者とすといえり」と、信心と智慧の融合した信仰生活、弥陀の救済による法悦に浸りながら、日域大乗相応の地に生まれ、無戒名字の比丘として、九〇年という精神生活の充実した豊かな人生を過ごし、親鸞の一生は法悦に満ちたものであった。

父と四歳で、母と七歳で死別したと言われる親鸞は人生の無常を感じ生死度脱の道を求めた。比叡山で二〇年、生死度脱の解脱道の修行は続く。

自身はこれ現に罪悪生死の凡夫、生死の超克は本願との出会い、正覚によって確立し、正覚、本願の道を、生涯を通して一途に進んだ。拙著『晩年の親鸞聖人　高齢者の生き方を学ぶ』(国書刊行会)をご一読願いたいと思う。

人間学煩悩論

親鸞は人間存在を考察、仏教人間学煩悩論を展開する。

生物的存在の人間は、本能という自然性がある。人間は凡夫的存在、無明の存在である。現実的主体は常に煩悩的、迷妄的であろう。無明（無知）により真実の知見に覚醒することができない。身体的存在、生物的存在であるため必然であり、根本は本能衝動の身体性にあろう。

人間である限り煩悩そのものを離れることはできない。精神的、身体的な存在の人間の存在を煩悩が貫いている限り煩悩を断滅することはできない。煩悩は身心を悩ます一切の精神作用である。

貪瞋痴《とんじんち》の三つは三毒と称して最も根本的な煩悩である。

貪《とん》は欲深いことである。貪欲《とんよく》、むさぼりの心、欲深く物を欲しがる。よくばる。際限なく欲しがる。淫欲、男女の情欲、色情の欲、色欲である。貪愛は、むさぼり執着《しゅうじゃく》することである。執着は深く心を惹かれ、それにとらわれることであろう。深く思い込んで忘れられない、その執着心である。

瞋《しん》は怒りである。自分の心に逆らうものを怒り恨む瞋恚《しんに》である。瞋恚の炎とも言われ、炎の燃え立つような激しい怒り、恨み、憎しみを言う。

痴《ち》は愚かなこと、愚か者、男女間の色情、仏教語のmohaは根本の真理を知らないこと、愚痴、無明である。理非の区別のつかない愚かさ、言っても仕方のないことを言って嘆き愚痴をこぼす。無明は真理に暗いことである。一切の迷妄、煩悩の根源、無明の闇であろう。

有情、人間のもつ煩悩を断滅することができるか否か。煩悩を断滅した処に仏智を開顕する断惑証理《だんわくしょうり》、煩悩を断って涅槃の真理を悟るという考え方を親鸞聖人は取らなかった。人間は煩悩具足の凡夫である。この煩悩から度脱する努力がどのようになされたか。

人間には六種の根本煩悩がある。貪欲《とんよく》と瞋恚《しんに》と愚痴《ぐち》の三毒の煩悩は、人間の身体性に基づくものであろう。淫《いん》・怒《ぬ》・痴《ち》ともいい、淫は度を過ぎること、淫らなこと、色欲、性欲。怒《ぬ》は怒ること、憤《いきどお》ること、思いが胸につかえる。不平をいだく、腹立たしい、恨み怒る、憤慨する。勢いの強いこと、奮起することである。

痴は愚かなこと、愚か者、男女間の色情、根本の真理を知らない。基本的な煩悩の一つで、愚痴（物の道理に暗い）無明（迷妄、煩悩の根源）煩悩にとらわれた迷いの世界である。むやみやたら、でたらめ、無明が人の本心を迷わしくらます無明長夜が続く。
慢《まん》・疑《ぎ》・悪見《あくけん》は、心身一如の人間の精神性、理性的自我である。
慢は思い上がって人を侮る、種々の心の働きであり七慢、八慢、九慢がある。自分と他を比較して他を軽んじ自らを誇る慢心である。
ちなみに九慢とは何かを見ると、

㈠我勝慢《がしょうまん》……自分が勝れていると思う。自分が容貌・財産・才能などにおいて、他よりすぐれていると思って起こす慢心。

㈡我等慢《がとうまん》……自分は容貌・財産・才能などにおいて他人と等しいと思って起こす慢心。

㈢我劣慢《がれつまん》……自分は他人に劣ると思って起こす慢心。

㈣有勝《うしょう》我慢《がまん》……他が自分より勝れていると思う。

㈤有等我慢《うとうがまん》……他が自分と等しいと思う。

㈥有劣我慢《うれつがまん》……他が自分より劣っていると思う。

㈦無勝《むしょう》我慢《がまん》……他が自分より勝れていることはないと思う。

㈧無等我慢《むとうがまん》……他が自分に等しいことはないと思う。

㈨無劣我慢《むれつがまん》……他が自分より劣っていることはないと思う。

我慢は、心が憍慢で我ありと執する自我意識である。おごりたかぶる思いあがりであり、自ら慢心して他をあなどる心である。

疑《ぎ》は疑う因果を疑う、仏の教えを疑う。阿弥陀仏の救済を信ずることができないその心である。

四諦《したい》の真理を疑う。阿弥陀仏の救いに心を閉じる。苦集滅道の仏教真理を疑う心である。

ちなみに四諦とは

㈠苦諦《くたい》……迷いのこの世はすべて苦である。

㈡集諦《じったい》……その苦の原因は煩悩（無知・欲望・執着）愛執である。

㈢滅諦《めったい》……その愛執を滅することが理想の涅槃の境界である。

㈣道諦《どうたい》……その涅槃に至る因として八聖道を実践修行しなければならない。

悪見《あくけん》は六根本煩悩の一つで、煩悩は諸法の真相に対して謬見を起こす。汚れた慧、誤った見解、よこしまな考え（邪見）、真理を誤って考えることで、悪見に五種類ある。

㈠身見《しんけん》……人間がそれぞれ自らの中心となっている常住恒久的な実体として自らを支配するような我（霊魂）を持っていると思う執見、自分はいつまでも自分であるととらわれる考えである。

㈡辺見《へんけん》……一つの極端にとらわれた考えである。二種ある。人間は死によって無に帰すと考える断見、何もかも残って続いていくと考える常見。

㈢邪見《じゃけん》……因果の道理、関係を否定するまちがった考え方。

㈣見取見《けんじゅけん》……誤った見解をすぐれた見解であると考えてそれに執着する謬見、考え。

㈤戒禁取見《かいごんしゅけん》……誤った戒律や禁制を正しい方法であると執着する。

非因計因《ひいんけいん》……実践上、因果関係において原因とならないものを因と誤解する考え。

非道計道《ひどうけどう》……ニルヴァーナへの道とならないものを道とみなす誤った考え。

以上の悪見は、自力にとらわれた誤った見解であり、自力疑心の行人、見濁の人をいう。親鸞は「悪性さらにやめがたし、こころは蛇蝎のごとくなり」と語る。理性的自我の迷妄であり、仏願力を聞信すること、仏の慈悲に反発しその願力に背く愚かさである。自己の理性、我にとらわれている。人間と動物とを区別する理性を人間は持っていて、その理性に従って判断・行動する。

アリストテレスは「人間は理性的動物である」と定義し、政治的（国家・社会的）動物の意味であるとした。他の動物が全て本能的な衝動によって行動するのに対して、人間の行為には義務の意識が伴うことが本質的であり、何らかの理性的動きによって導かれることが人間の行為の特質を成している。本能や衝動や感覚的欲求等に基づいた行為に対し、思惟、理性のみを基礎とする感覚的認識でない認識である。

デカルトが『方法叙説』の冒頭で語った真実と虚偽とを識別する力「良識」を理性と呼んでもよいであろう。

理性を正しく用いて、生活のあらゆる問題に理性の及ぶ限り賢い判断を下し、広く確実な学問を習得し得る高い精神状態をデカルトは良識と呼んでいるが、それは主として実践生活の場における分別であり、聡明な判断力である。

一言で言えば教養のある人の常識であり、一七世紀には人間の一つの重要な理想であった。

理性主義、理性論、合理論、合理主義は、存在一般の原理を理性に置く。

親鸞はこの理性的自我の在り方に自我の迷妄を見、自己の理性、我に執われていて理性的自我を固執するところから、自己を高しとする憍心が仏願力を否定し、救済に反発し、自己を過信する理性の憍慢が、信仰の門に立ちながら我賢しという慢心を起こし、阿弥陀仏の願いに背く者になると警戒する。

慢こそが信を破る躓きであり、自己礼賛を絶対とする限り仏の大悲を受持することができない。自己の力を依り拠とし、自己を過信するところに仏願力を拒否し、他力廻向を否定する態度となる。

煩悩が罪の根と考えられ、慢という自己過信が疑の煩悩と結びつき、憍慢が本願への疑惑となって現れる。この疑惑が信を蝕み信仰生活の根を腐らすか、仏智不思議の弥陀の誓いを疑う罪として悪の根源と考えられた。

人間は煩悩具足の存在者、惑染衆生、垢障、煩悩垢の凡愚の人間観に立つ親鸞は、無明煩悩われらが身に満ち満ちて、と人間を無明の存在と考えた。

煩悩の超克を考えた時、煩悩が臨終の一念までとどまらず消えない。「不断煩悩得涅槃《ふだんぼんのうとくねはん》」(正信偈)には、凡夫が煩悩を断ちきらぬままで悟りを得ると、親鸞聖人は「不断煩悩得涅槃といふは、不断煩悩は煩悩をたちすてずしてといふ。得涅槃とまふすは無上大涅槃をさとるをうるとしるべし」と語る。

蓮如上人は「不断煩悩得涅槃といふは、願力の不思議なるがゆへに、わが身には煩悩を断ぜざれども、仏のかたよりはつゐに涅槃にいたるべき分にさだまるものなり」(「正信偈大意」)、「無始已来つくりとつくる悪業煩悩をのこるところもなく願力不思議をもて消滅するいはれあるがゆへに正定聚不退のくらゐに住すとなり、これによりて煩悩を断ぜずして涅槃を得《う》るといへるはこのこころなり」（「御文」）と釈する。

煩悩具足の凡夫である私たちは、生きている間煩悩を断ち切れず一生の間、ローソクの火が燃えているように煩悩と共に日常生活を送りつつあり、ローソクが吹き消えた瞬間ニルヴァーナ（涅《ね》槃《はん》寂《じゃく》静《じょう》）に入滅する不断煩悩得涅槃の煩悩超克論である。

煩悩は身心を煩わし、悩まし、かき乱し、惑わす。百八煩悩のみならず、八万四千の煩悩といわれるほど煩悩は数え切れず、煩悩は無限にあろう。

時として煩悩に眼を遮られ、煩悩が人間の行動を起こさしめ、転落人生も日々よく目にする人生の光景であろう。煩悩あるがゆえに人類の発展史もあるが、煩悩に惑迷して人生の狂いも生ずるであろう。

警戒すべき煩悩具足の凡夫の仏教人間学人生論である。

あとがき

一つのことを最後までやり遂げるという不退転位を貫く初心を忘れぬ魂は、人生に最も大切な初志貫徹の心、精神力として知られている。

人間の生き方には先人の諭す大切な心得、智慧が示されているが、志したらやり遂げるその心、姿勢は幼稚園時代の学習にて身につくように思う。

物事を貫けず途中で放棄し、時には生き方を喪失し右往左往する。初志貫徹できぬ人が多々見られる今日、「初心を忘るべからず」という格言の諭す、初志を貫徹する人生行路への称讃は古仙の道として今も昔も変わらない人間の心得であろう。

人生には「夢」が大切であり、道標に向かう努力が何よりも重要な栄光への道となる。あれもこれもでなく一つのことに精神を集中する一意専心、専ら取り組む専修の一行が人生哲学の根本信条として不可欠である。

花は咲き実は成る。桃栗三年柿八年、開花結実の機、熟す自然の光景に先人は不変の真理、法則を見た。鎌倉時代に生きた親鸞もその一人である。

機縁は熟する。能力は心を注ぐことによって自然と機熟する。自然の摂理、恩恵の中に希望の実りもあるだろう。

念願成就の人生行路には阿弥陀仏のご加護があり、願いが叶う。自分のやりたいこと、その夢即ちアイデンティティの形成は、道標、生きる糧の発見である。先人の遺訓、智慧に学ぶこともあろう。よき師、先人より賜った智慧の光により自ら物事に取り組む大切な主体性、自主性、生き甲斐や楽しみも生まれるであろう。凡愚無知の我らはよき人、先人の叡智を訪れ賜ることによって生き方、道が与えられるであろう。

せっかくの一生である。死ぬまでの暇つぶし、酔生夢死の生涯ではなく、先人の智慧に生かされて道を発見し、実りある充実した人生行路を有意義に過ごしたい。そうでないと勿体ない。勿体ないとは物の本体を失するという意味である。凡愚のため尊い人生の有難さ、かたじけなさを忘却し、それを生かしていない状態を言うのであろう。不要なものは捨ててよいであろうが、人生には大切にすべき先人の残した宝物・智慧がある。忘れてはならぬものを忘却して本体を失するとは何と勿体ないことか。幼児教育の種を植えて教育道事始めの道も三八年、次世代の子どもたちへのプレゼントとして「三つ子の魂百まで」の教育のいろはを実践し、今日に至った。可愛い子どもたちと共にお育て頂いて、この道より我を生かす道なしと建学の精神、百までの教育道を語ることの大切さ有意義さを考え、本著企画に至った。教育学園建学の精神、こころとも言えるであろう。

筆者の心情には若き日十八歳にて上京し東洋大学での苦学九年、恩師御指導及び学祖井上円了先生の哲学館開設への情熱、生き方が大きく影響していると思う。娘は東大の修士課程に学んだが、昭和初期、当時数少ない東洋大学学士として社会事業を学び実践した父、そして私、四男の御本書（東洋大学修士社会学専攻）と、三代にわたり円了先生の建学の心ある同大学に学ぶご縁を頂いた。新潟出身で東本願寺の僧侶でもあった円了先生の六字名号「南無阿弥陀仏」のお掛け軸の心が七一歳の誕生日を迎えた筆者の心に響く。

出版に当たって、大学院生時代より親交のある国書刊行会　佐藤今朝夫社長にお世話になった。文責は筆者にあり、浅学非才な点はご指導頂ければうれしく思う。

感謝の意を表し筆を置くこととする。

平成二七年七月　阿弥陀寺にて識す

宇野弘之（うの・ひろゆき）

1944年、愛知県生まれ。宗教哲学者
1969年、東洋大学大学院文学研究科修士課程修了。

1972年、同大学院博士課程でインド学仏教学を専攻研鑽。

1998年４月、厚生省介護福祉士養成校として専門学校「新国際福祉カレッジ」（介護福祉学科）救急救命士養成校として「国際医療福祉専門学校」（救急救命学科）千葉校を設置し、学校長に就任。

2004年４月、千葉校に理学療法学科を設置。

2007年４月、石川県七尾市に救急救命士、理学療法士、作業療法士、介護福祉士を養成する国際医療福祉専門学校七尾校、2011年４月、岩手県一関校に救急救命学科、2014年４月、理学療法学科を設置し、学校長に就任。

主な役職

【宗教法人】浄土真宗　霊鷲山　阿弥陀寺住職
【学校法人】〔阿弥陀寺教育学園〕能満幼稚園・ちはら台幼稚園・専門学校新国際福祉カレッジ・国際医療福祉専門学校　各理事長
〔宇野学園〕千原台まきぞの幼稚園・おゆみ野南幼稚園・学園広場保育園　各理事長
【社会福祉法人うぐいす会】特別養護老人ホーム誉田園・介護老人保健施設コミュニティ広場うぐいす園・ケアハウス誉田園・指定障害者支援施設こころの風元気村・稲毛グループホーム・デイサービスセンターはなみずき・大多喜風の村、千葉市星久喜三障害者通所デイサービス　法人理事長
【社会福祉法人おもいやり福祉会】ちはら台東保育園・誉田おもいやり保育園・ちはら台南保育園　理事長
【有料老人ホーム】敬老園ロイヤルヴィラ稲毛・八千代台・大網白里・札幌・東京武蔵野・千葉矢作台、敬老園サンテール千葉・ナーシングヴィラ（東船橋・浜野・八千代台）各理事長
【医療法人社団シルヴァーサービス会】介護老人保健施設船橋うぐいす園　理事長
【霊園】メモリアルパーク千葉東霊園・佐倉メモリアルパーク・船橋メモリアルパーク・市川東霊園・市川聖地霊園・メモリアルパーク市原能満霊霊苑・桜の郷花見川こてはし霊園　各管理事務所長
〔室内墓苑〕千葉阿弥陀寺管理責任者

主な著書

『大無量寿経講義』『阿弥陀経講義』『観無量寿経講義』『正信偈講義』『十住毘婆沙論易行品講義』（山喜房仏書林刊）、『孫・子に贈る親鸞聖人の教え』（中外日報社発行、法藏館発売）、『蓮如　北陸伝道の真実』『蓮如の福祉思想』『蓮如の生き方に学ぶ』（北國新聞社）、『仏事大鑑』『「心の病」発病のメカニズムと治療法の研究』『住職道』『高齢化社会における介護の実際』『親鸞聖人の救済道』『仏教エコフィロソフィ』『無宗教亡国論』『恵信尼公の語る親鸞聖人』『晩年の親鸞聖人』『ストップ・ザ・少子化
日本活性化序説』（国書刊行会）。

三《みつ》つ子《ご》の魂《たましい》 百《ひゃく》までの教育道《きょういくどう》

2015年9月15日 初版第一刷発行

著 者 宇《う》野《の》弘《ひろ》之《ゆき》

発行者 佐藤今朝夫

〒174-0056 東京都板橋区志村1-13-15

発行所 株式会社 国書刊行会

TEL.03(5970)7421(代表) FAX.03(5970)7427

http://www.kokusho.co.jp

落丁本・乱丁本はお取替いたします。 印刷・㈱エーヴィスシステムズ 製本・㈱村上製本所

ISBN978-4-336-05960-4

既刊

晩年の親鸞聖人
――高齢者の生き方を学ぶ

宇野弘之 著

数々の法難や長子の義絶などを乗り越えて、九〇歳という驚くべき長寿をまっとうされた親鸞聖人。そのご生涯から、浄土信仰に生きるわれわれ高齢者の生き方を学ぶ。長寿高齢化社会を歩む御同朋・御同行へのヒントが満載。

四六判・並製
1800円十税